# 나를 위한 비폭력대화
## 100일 필사

## 이경아

2009년 처음으로 비폭력대화 워크숍에 참가했고, 2015년부터 한국비폭력대화교육원 강사로 활동했습니다. 비폭력대화를 개발한 마셜 로젠버그 박사가 설립한 국제단체 CNVC의 공인 트레이너이기도 합니다. 미학과 여성학을 공부했고 명상, 몸과 공동체를 통한 치유, 인간관계 신경생물학에 관심이 많습니다. 책 읽기를 좋아하고 말에서 힘을 얻어 세상에 펼치고 사람들에게 전달하기를 좋아합니다. 비폭력대화라는 연결의 도구를 통해 우정을 쌓고 공동체의 일원으로 세상에 도움이 되는 일을 계속하면서 살고 싶습니다. 사람들이 말을 통해 연대하고 소속감을 느끼며, 안전하고 풍요롭게 삶의 의미를 생성하면서 살아가는 데 이바지하고자 합니다.

## 나를 위한 비폭력대화 100일 필사

펴낸날 · 초판 1쇄 발행 2025년 11월 28일

지은이 · 이경아
펴낸이 · 캐서린 한
펴낸곳 · 한국NVC출판사
편집장 · 김일수
마케팅 · 권순민, 고원열, 구름산책
인쇄 · 천광인쇄사
용지 · 페이퍼프라이스
출판등록 · 제312-2008-000011호 (2008. 4. 4)
주소 · (03035) 서울시 종로구 자하문로 17길 12-9(옥인동) 2층
전화 · (02)3142-5586   팩스 · (02)325-5587
홈페이지 · www.krnvcbooks.com    인스타그램 · kr_nvc_book
블로그 · blog.naver.com/krnvcbook   유튜브 · youtube.com/@nvc
페이스북 · facebook.com/krnvc   이메일 · book@krnvc.org

ISBN 979-11-85121-63-5 (03180)

- 책값은 뒤표지에 있습니다.
- 잘못 만들어진 책은 구입하신 서점에서 교환해 드립니다.

# 나를 위한 비폭력대화
# 100일 필사

### 연민과 공감의 언어로
### 연결의 세상 만들기

이경아 지음

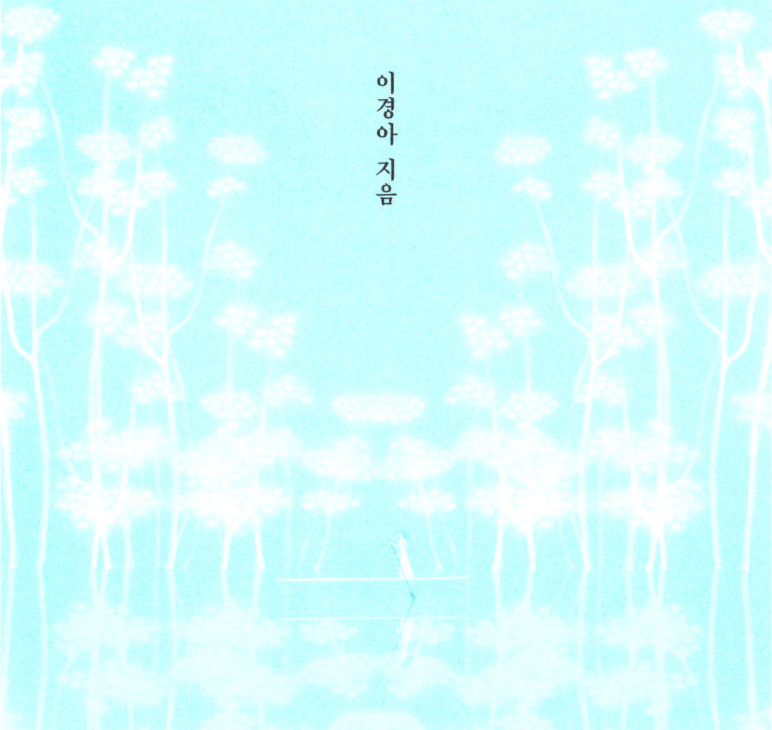

한국NVC출판사

## 들어가는 글

살다 보면, 말이 참 어렵게 느껴질 때가 있습니다. 가까운 사람에게조차 마음을 온전히 전하지 못하고, 내 의도와 달리 상처가 되어 돌아올 때가 있지요. 저도 그랬기 때문에 간절히 찾게 되었던 거 같아요. 내 마음을 진정성 있게, 따뜻하게, 솔직하게 전할 방법을요.

비폭력대화는 제게 그 길을 보여주었습니다. 비폭력대화의 언어는 상대와 나 사이에 다리를 놓는 언어이자, 무엇보다 나와 나 자신 사이의 다리를 튼튼하게 놓는 도구가 되기도 했습니다. 내 안의 목소리를 귀 기울여 듣고 존중하는 법을 배우면서 비로소 타인과도 더 정직하게 연결될 수 있었습니다.

이 필사노트는 그 과정에서 얻은 작은 깨달음을 나누고 싶은 마음에서 만들었습니다. 함께 천천히 필사하며 말을 곱씹고, 마음을 들여다보는 시간을 가지자는 초대입니다. 글자를 따라 쓰는 동안 마음이 고요해지고 먹이 종이에 스미듯, 문장이 천천히 내 안으로 스며들도록 초대하는 거지요. 필사가 내 안으로 길을 내는 연습이

자 기도가 되고, 잊었던 나를 만나는 작은 의식이 되면 좋겠습니다.

이 책에 담은 문장들은 제 속에 길을 내준 문장들입니다. 잊지 않고 오래 간직하고 싶은 말, 혼란스러울 때 명료한 이해를 가져다준 말, 흔들릴 때 되돌아가 안기고 싶은 말, 생명력이 강해 오래 힘을 주는 말을 모았습니다. 가끔 짧게 덧붙인 제 말은 그 문장들을 필사할 때 더 부드럽게 녹아들 수 있게 돕는 따뜻한 촉매제가 되기를 바랍니다.

퇴근길에 들른 카페에서 차 한잔 앞에 두고 하루를 정리하는 것처럼, 짧은 문장 하나, 한 줄의 필사가 여러분의 하루에도 작은 쉼표가 되기를 바랍니다. 비폭력대화가 우리 삶을 조금 더 경쾌하게, 조금 더 따뜻하게, 그리고 무엇보다 생동감이 흐르는 대화로 물들이기를 바랍니다.

저자 이경아

## 차례

들어가는 글　　　　　　　　　　　　　　　　4

## 1부 나를 찾아가는 진정한 여행이란?

1 우리 안의 생동하는 느낌과 욕구를 찾아서　　14
2 진정한 의미의 교육이란　　　　　　　　　　16
3 원하는 것을 분명하게 말하기　　　　　　　　18
4 연결되어 있다는 믿음에 대하여　　　　　　　20
5 분노란 무엇인가　　　　　　　　　　　　　　22
6 지금 여기의 삶과 접촉하기　　　　　　　　　24
7 말로써 창을 낼지, 벽을 쌓을지　　　　　　　26

8  답은 우리의 '사이'에서 찾아야 28
9  솔직한 자기표현은 왜 선물인가 30
10 다른 사람과 안심하며 관계 맺기 32
11 나를 찾아가는 진정한 여행이란 34
12 그 사람의 느낌과 욕구에 함께하기 36
13 감정을 정확하게 말한다는 것 38
14 공감, 우리 자신을 기꺼이 내주는 일 40
15 참되게 산다는 것의 의미 42
16 모든 갈등의 근원인 두려움 44
17 수치심, 죄책감, 분노 46
18 명상을 통해 생기와 온기를 되찾기 48
19 경청을 위한 침묵 50
20 욕구는 악보 위에 있는 음표 52

# 지금, 무슨 일이 일어나고 있나요?

21 모든 씨앗은 어둠 속에서 자란다 56
22 곁에서 가만히 들어주기의 힘 58
23 지금, 무슨 일이 일어나고 있나요? 60
24 삶에서 내가 원하는 것은 62
25 넌 나를 한 번도 이해한 적이 없어! 64
26 아이가 주는 선물을 알아보고 받아주기 66

27 모든 참된 삶은 만남 68
28 감정이 주는 선물들 70
29 깊이 듣기의 기술 72
30 마음에서 나오는 말, 혀에서 나오는 말 74
31 듣기가 주는 선물 76
32 난 충족되지 못한 욕구가 있어! 78
33 자유롭게 느낌을 느끼기 위해 80
34 아이들이 당신의 눈과 귀가 되도록 82
35 본연의 우리 자신을 기억하는 일 84
36 언어라는 우주 86
37 우리 내면의 더 깊은 곳에 이를 수 있는 열쇠 88
38 인간은 궁극적으로 스스로 결정하는 존재 90
39 공감을 주기 위해서는 공감이 필요하다 92
40 그저 지나는 단계일 뿐이라오 94

# 3부 속도를 늦추는 삶에 대하여

41 마음챙김으로 내면의 풍경 탐구하기 98
42 내면의 자유는 어디에서 오는가 100
43 땅 어머니를 감싸는 하늘 아버지 102
44 우리의 관찰에 대하여 104
45 습관과 선택 106

46 존중이라는 말의 진정한 의미 108
47 자녀가 혼자 힘으로 출발할 때 필요한 것 110
48 속도를 늦추는 삶이 필요한 이유 112
49 분노와 미움의 짐을 내려놓기 114
50 우리가 말하는 속도를 바꾸면 116
51 너의 미소를 보며 118
52 삶에서 좋은 것들은 공짜다 120
53 '아니오'라고 느낄 때 '아니오'라고 말하기 122
54 아이에게 줄 수 있는 가장 큰 선물 124
55 다른 사람의 행동이 우리를 화나게 할 때 126
56 몸의 느낌을 서술하기 128
57 우리 눈 속에 있는 들보, 판단 130
58 감각은 오직 지금, 이곳에서만 132
59 비폭력은 마음의 문제 134
60 죽음을 향해 천천히 웃으며 다가가기 136

 **타인의 존재가 우리를 변화시킬 때**

61 치유에 이르는 길 140
62 타협과 조정, 힘을 넘어서 142
63 행복은 그저 따라오는 것 144
64 삶을 유지하는 데 필요한 자원, 욕구 146

| | | |
|---|---|---|
| 65 | 우리가 한배를 탄 이유는 | 148 |
| 66 | 자신의 진짜 모습과 멀어질 때 | 150 |
| 67 | 우리가 그은 경계선에서 균형 잡기 | 152 |
| 68 | 사랑은 우리가 드러내고 행하며 가지고 있는 것 | 154 |
| 69 | 가슴에서 우러나와 기꺼이 주는 일 | 156 |
| 70 | 공감적 연결의 진정한 의미 | 158 |
| 71 | 어둠은 어둠을 몰아낼 수 없다 | 160 |
| 72 | 나다운 삶을 위하여 | 162 |
| 73 | 이상이 편리한 도피처가 될 때 | 164 |
| 74 | 지금 분노를 느끼고 있다면 | 166 |
| 75 | 자극과 원인의 차이를 안다는 것 | 168 |
| 76 | 욕구의 표현이 두려운 일이 되는 경우 | 170 |
| 77 | 감사를 통해 깨닫는 우리 존재의 자연스러움 | 172 |
| 78 | 진정한 공감이 우리에게 요구하는 것 | 174 |
| 79 | 타인의 존재가 우리를 변화시킬 때 | 176 |
| 80 | 보편적인 욕구와 삶의 메시지 | 178 |

# 5부 생각과 느낌과 감각의 교향악

| | | |
|---|---|---|
| 81 | 선택할 수 있는 힘 | 182 |
| 82 | 용서는 영혼을 정화한다 | 184 |
| 83 | 생각과 느낌과 감각의 교향악 | 186 |

| | | |
|---|---|---|
| 84 | 내면의 소리에 귀를 기울일수록 | 188 |
| 85 | 그러므로 나는 나 자신을 받아들인다 | 190 |
| 86 | 연민으로 통하는 문 | 192 |
| 87 | 타인을 있는 그대로 받아들이기 | 194 |
| 88 | 떠나보낸다는 것의 의미 | 196 |
| 89 | 의미를 공유한다는 것의 힘 | 198 |
| 90 | 세상이 궁극적으로 필요로 하는 것 | 200 |
| 91 | 파도를 막을 수는 없지만 | 202 |
| 92 | 느낌과 욕구에 더 귀를 기울이기 | 204 |
| 93 | 진실한 공감의 형성은 | 206 |
| 94 | '선함'을 꾸준히 맛보면서 걷기 | 208 |
| 95 | 삶 자체는 누군가에게 빌린 것 | 210 |
| 96 | 마음이 흘리는 눈물 | 212 |
| 97 | 욕구의 개인성과 보편성 | 214 |
| 98 | 경이로움의 사슬을 단단히 부여잡기 | 216 |
| 99 | 죽음을 긍정할 수 있을 때 | 218 |
| 100 | 물음 자체를 사랑하는 법 | 220 |

참고문헌　223

한국NVC센터 소개　224

일러두기

1. 이 책에 실린 문장 가운데 일부는 좀 더 자연스러운 표현을 위해 저자가 원작의 표현을 가다듬고 수정했다.

1부

## 우리 안의 생동하는 느낌과 욕구를 찾아서

우리 대부분은 자신이 무엇을 느끼고 원하는가를 알아차리기보다는 꼬리표를 붙이고, 비교하고, 강요하고, 판단하는 말을 배우면서 자랐다. 인간을 보는 어떤 특수한 관점에 뿌리를 두고 있는 이런 대화 방법은 수백 년 동안 우리에게 영향을 끼쳐왔다. 그것은 우리가 태어나면서부터 사악하고 부족하기 때문에, 이러한 바람직하지 못한 본성을 통제하기 위해서는 교육이 필요하다는 견해이다. 그런데 그런 교육은 우리로 하여금 우리가 경험하는 자연스러운 느낌이나 욕구 그 자체가 뭔가 잘못된 것이 아닌가 하는 의구심을 품게 한다. 그래서 우리는 아주 어려서부터 우리 안의 생동감－느낌과 욕구－을 차단하도록 배운다.

《비폭력대화》, 마셜 B. 로젠버그, 캐서린 한 옮김, 한국NVC출판사, 2024, 56쪽

## 진정한 의미의 교육이란

무지한 사람은 배우지 못한 사람이 아니라 자기 자신을 모르는 사람입니다. 배운 사람이라 할지라도 책이나 지식에 매달리거나 권위자가 이해를 시켜주리라고 믿고 의지한다면 어리석은 사람이 되고 맙니다. 이해는 자신의 심리적 과정 전체를 알아차리는 것, 즉 자신에 대한 지식을 통해서 옵니다. 따라서 진정한 의미의 교육은 자기 자신을 이해하는 것입니다.

《크리슈나무르티, 교육을 말하다》, 크리슈나무르티, 캐서린 한 옮김, 한국NVC출판사, 2016, 25쪽.

## 원하는 것을 분명하게 말하기

단지 원하지 않는 것을 말하는 게 아니라 원하는 것을 분명히 말할 때, 상황은 완전히 다른 곳으로 가게 됩니다.

*

한 교사가 수업 시간에 펜으로 책상을 반복적으로 두드리는 학생에게 말했습니다. "펜으로 책상 좀 두드리지 마." 학생이 펜을 내려놓았습니다. 잠시 후, 그 학생이 이번에는 펜으로 의자를 두드리기 시작했습니다. 학생은 교사의 요청을 수용했습니다. 그런데도 교사는 자신이 원하는 바를 얻지 못했습니다. 어른들이 아이들에게 '원하지 않는 것' 대신에 '원하는 것'을 분명하게 말하기 시작할 때, 아이들에게서 혼란이 줄어들고 명료한 자기 꿈을 향해 걸어갈 힘이 늘어날 것입니다.

《비폭력대화와 실천적 영성》, 마셜 B. 로젠버그, 캐서린 한 옮김, 한국NVC출판사, 2021, 48쪽

Date.

## 연결되어 있다는 믿음에 대하여

우리는 바다에 떠 있는 섬들과 같아서 겉보기에는 따로따로 떨어져 있는 것처럼 보이나, 깊은 곳에서는 연결되어 있다. 서로 연결되어 있다는 믿음은 상대방을 진심으로 보살피고 자기 욕구에 주의를 기울이게 해 준다.

《치매가 인생의 끝은 아니잖아요》, 패티 비엘락스미스, 이민아 옮김, 한국NVC출판사, 2021, 209쪽

## 분노란 무엇인가

자신의 욕구와 연결될 때 우리는 삶의 활력을 느낄 수 있다. 그렇게 되면 우리는 강한 느낌을 가질 수는 있어도 분노하지는 않는다. 분노란 자신의 욕구에서 단절된, 삶을 소외시키는 사고방식의 결과이다. 분노는 우리가 마음 안에서 충족되지 않은 자신의 욕구에 초점을 맞추는 대신 머리로 올라가 다른 사람을 비판하고 분석하고 있음을 보여준다.

《비폭력대화》, 마셜 B. 로젠버그, 캐서린 한 옮김, 한국NVC출판사, 2024, 246~247쪽

## 지금 여기의 삶과 접촉하기

진실을 듣고 말할 때 생기는 친밀감은, 우리가 자신의 연약함을 향해 가슴을 열 때만 생겨날 수 있습니다. 우리가 내디딜 수 있는 첫걸음은 숨을 마시며 지금 여기에 있는 삶과 접촉하는 일입니다.

-타라 브랙Tara Brach

*

인간관계에서 살아 있는 순간은 예기치 않게 찾아옵니다. 장성한 아들이 어느 날 저녁 문득 엄마로 인해 생긴 마음속 깊은 웅크림에 대해 말을 꺼낼 때, 받아들이고 싶지 않고 변명하거나 되돌려주고 싶을 때, 바로 이때입니다. 실로 연약한 가슴을 상대를 향해 엽니다. 숨을 줍니다. 한 번은 내 몸을 향해, 한 번은 우리 사이의 텅 빈 공간을 향해, 그리고 엄연한 타자의 호소를 진심으로 듣습니다. 받아들입니다. 아픔을 느끼며 통과합니다. 그 길 끝에서는 실이 나오는데, 이 실이 우리 두 사람을 이 우주 속에서 이어주고 붙잡아줍니다.

*The Ongo Book*, Catherine Cadden and Jesse Wiens, Baba Tree International, 2017, 56쪽

## 말로써 창을 낼지, 벽을 쌓을지

말은 창이 될 수도, 벽이 될 수도 있어요.
말은 우리를 구속하기도 하고 자유롭게 풀어주기도 하지요.
내가 말을 할 때나 들을 때,
사랑의 빛이 나를 통해 빛나기를 바라요.

- 루스 베버마이어 Ruth Bebermeyer

\*

우리는 거의 매 순간 말을 하고 있습니다. 혼자 속으로 할 때가 있고, 물리적인 음성으로 할 때가 있지요. 그래서 말하는 순간 멈춰서 '창을 낼지, 벽을 쌓을지'를 한번 선택하면서 한다면, 내가 경험하는 공간과 시간의 여백을 창조해낼 수 있습니다. 믿어 보세요. 그 여백에 이미 사랑이 흐르고 있을 겁니다. 사랑이 드러날 여백을 주기만 하면 됩니다.

《비폭력대화》, 마셜 B. 로젠버그, 캐서린 한 옮김, 한국NVC출판사, 2024, 195쪽

Date. / /

## 답은 우리의 '사이'에서 찾아야

이슬람 신비주의 수피교 시인 루미는 말한다. "우리는 '하나'를 알면 '둘'도 안다고 생각한다. 하나와 하나를 더하면 둘이라고. 하지만 우리는 '와'도 알아야 한다." 치매와 관련된 문제는 본질적으로 두 사람 중 어느 한쪽이 아닌, 두 사람 '사이'에 있다. 서로 관계 맺는 방식, 두 사람의 관계 안에 있는 것이다. 따라서 답은 우리의 '사이'에서 찾아야 한다.

《치매가 인생의 끝은 아니잖아요》, 패티 비엘락스미스, 이민아 옮김, 한국NVC출판사, 2021, 90~91

## 솔직한 자기표현은 왜 선물인가

당신은 솔직하게 말하는 것이 어려운가요? 뭔가 할 말이 있는데 상대가 어떻게 받아들일지 몰라 걱정이 되나요? 그러나 비폭력대화에서는 솔직한 자기표현은 '진정한 나'라는 선물을 상대에게 주는 것으로 봅니다. 솔직하게 자기를 표현하는 것은 상대가 나의 욕구를 충족하도록 돕는 기회가 된다는 점에서 그렇습니다. 솔직하게 나를 표현할 때 상대와의 관계는 더 풍요롭고 깊어집니다. 솔직하게 자기를 표현하지 않으면 나에게는 후회와 원망이, 상대에게는 판단과 평가가 일어날 것입니다. 그러면 두 사람의 관계에 불화가 생기고 감정적 거리감이 생깁니다.

《평화로운 삶》, 메리 매킨지, 이재석 옮김, 한국NVC출판사, 2025, 134쪽

## 다른 사람과 안심하며 관계 맺기

우리는 흔히 자신의 문제를 혼자 힘으로 해결하고 싶어 하지만, 혼자서는 해결할 수 없다. 내면을 치유하고 훌륭히 잘 살아가려면 다른 사람들이 있어야 하고 그들이 베푸는 친절을 경험해야 한다. 인간은 꿀벌, 개미, 코끼리처럼 집단을 이루어 살게 되어 있는 사회적 동물이며, 우리 뇌는 타인의 뇌에 의해 진정되도록 만들어졌다. 신경계는 안전하다고 느껴질 때마다 사람들의 얼굴과 목소리에 주목한다.

《공명하는 자아》, 세라 페이턴, 신동숙 옮김, 한국NVC출판사, 2024, 33쪽

## 나를 찾아가는 진정한 여행이란

발견을 향한 진정한 항해는
새로운 풍경을 찾는 것이 아니라
새로운 눈을 갖는 것이다.

- 마르셀 프루스트

\*

일 년 넘게 지구 여행을 하는 딸 서영 씨가 이야기해 주었습니다. "풍광도 문화도 다 나름대로 재밌지만 제일 재밌는 건 사람이야." 여행할 때 제일 큰 행복감을 주는 원천이 사람이라는 자극제일지도 모르겠습니다. 오늘은 누구와 함께 여행하고 계신가요? 그 사람과 얼마나 솔직하게 교류하고 교감을 나누셨나요? 한 번뿐인 지구 여행을 행복하게 하는 비법 하나는 지금, 이 순간 내 앞에 있는 이 사람과 마음을 열고 대화를 나누고 삶을 나누는 일이 아닐까요? 늘 보던 사람도 처음 만나는 여행자인 듯, 살아 있는 호기심으로 대하는 신선한 눈이 필요합니다.

《비폭력대화》, 마셜 B. 로젠버그, 캐서린 한 옮김, 한국NVC출판사, 2024, 310쪽

## 그 사람의 느낌과 욕구에 함께하기

나는 공감이 가진 치유의 힘에 계속 놀라고 있다. 공감으로 들어 줄 수 있는 사람과 충분한 연결을 가지면 사람을 무기력하게 만드는 마음의 상처도 극복하게 되는 사례를 여러 번 경험했다. 공감으로 다른 사람의 말을 들어 주기 위해서 심리 이론이나 심리 치료를 위한 특별한 훈련이 필요한 것은 아니다. 가장 중요한 것은 상대방의 마음속에서 실제로 일어나는 것, 그 순간에 그 사람이 경험하고 있는 특정한 느낌과 욕구와 함께 있어 줄 수 있는 능력이다.

《비폭력대화》, 마셜 B. 로젠버그, 캐서린 한 옮김, 한국NVC출판사, 2024, 219쪽

## 감정을 정확하게 말한다는 것

사람들은 현재의 감정을 구체적으로 밝히는 것이 상황을 개선한다고 믿지 않는다. 이는 아마도 많은 사람이 감정이나 신체에 주의를 기울이지 않고 대처해 왔거나 감정을 정확히 말하는 것이 익숙하지 않아 불편하기 때문일 것이다. 그런데 지금 일어나는 감정을 정확히 말하는 것에는 진정 효과만 있는 것이 아니다. 우리를 배려해 주는 사람이 있는 상태에서 자신의 감정을 명확히 밝히면, 나이와 상관없이 누구든 온기와 신뢰의 관계를 맺을 수 있다. 이런 관계를 내면에 담아 두면, 즉 뇌에 기억해 두면, 일상생활에서 더 안전하고 평온한 기분을 느낄 수 있다.

《공명하는 자아》, 세라 페이턴, 신동숙 옮김, 한국NVC출판사, 2024, 86~87

Date:

## 공감, 우리 자신을 기꺼이 내주는 일

공감은 나 자신이나 다른 사람이 지금 경험하고 있는 일에 머물러 있는 일입니다. 그 일에 휘둘리거나 그 일을 바로잡으려고 애쓰지 않으면서 말입니다. 우리가 스스로나 우리 앞에 있는 사람을 그냥 그대로 있도록 허용할 때, 다시 말해 우리의 가치, 판단, 결정을 그 위에 올려놓지 않을 때, 우리는 우리 자신을 내주고 있습니다. 누군가는 그것을 무조건적 사랑이라고 부릅니다.

*The Ongo Book*, Catherine Cadden and Jesse Wiens, Baba Tree International, 2017, 39쪽

## 참되게 산다는 것의 의미

참되게 산다는 것은 상호 의존성의 경험, 서로를 느끼는 경험, 그리고 지금 이곳에 존재한다는 신비한 경험으로 들어서는 것이다. 관계적 알아차림은 내가 당신에게 원하는, 당신이 그러길 바라는 모습을 보는 것이 아니라, 있는 그대로의 당신을 보는, 진실한 조우다. 이러한 상호 의존성은 진정한 대화의 토대가 된다.

\*

있는 그대로 보기가 제일 어려운 사람은 가장 가까운 사람일 수 있습니다. 저는 남편을 있는 그대로 보는 일이 지금도 큰 도전입니다. 이 사람이 나를 행복하게 해 주려고 태어난 사람이 아니라는 사실을 먼저 인정해야 합니다. 남편이기 전에, 남자이기 전에, 나와 똑같이 그냥 한 사람이라는 사실을 인정하면, 그제야 그 사람이 보입니다. 순간순간 그 사람의 삶에서 흘러나오는 기운을 가까이에서, 조금 멀리에서 느껴봅니다. 그러다 한순간 알게 됩니다. 바로 이렇게 함께하는 경험이 내가 삶에서 받는 선물이구나. …고마움이 올라옵니다.

《마음챙김과 비폭력대화》, 오렌 제이 소퍼, 김문주 옮김, 불광출판사, 2019, 101쪽

Date:

## 모든 갈등의 근원인 두려움

사랑이 깃든 집에는 두려움이 없습니다. 두려움은 모든 갈등의 근원입니다. 이곳은 아이가 자기 욕구는 중요하다는 것 그리고 모든 사람의 욕구는 배려되고 돌보아질 거라고 믿으며 자라는 곳입니다. 그럴 때 아이는 자기를 급박하게 몰아대는 삶 속에서도 느긋하게 쉴 수 있으며, 한 가족, 한 공동체, 한 국가, 한 세계를 형성하는 주고받음의 그물 속에서 자신의 장소를 발견합니다.

《내 아이를 살리는 비폭력대화》, 수라 하트, 빅토리아 킨들 호드슨, 정채현 옮김, 한국NVC출판사, 2025, 27쪽

## 수치심, 죄책감, 분노

수치심이 우리를 숨 막히게 만들기 때문에, 우리는 말을 해야 할 때 아무 말도 하지 않는다. 죄책감이 우리를 겁에 질리게 만들기 때문에, 우리는 해야 할 일을 하지 않는다. 분노가 우리를 눈멀게 만들기 때문에, 우리는 나중에 후회할 행동을 한다.

\*

수치심, 죄책감, 분노는 강렬해서 우리를 휘두를 수 있는 감정입니다. 우리를 자신의 진정한 욕구와 가장 멀리 떨어지게 하기 때문입니다. 이 세 가지 감정의 낌새를 빨리 알아차릴수록 자신을 진실하게 만날 절호의 기회를 맞이할 수 있습니다. 이 감정들이 내 몸을 통과하는 과정을 시시각각 느끼면서 기다립니다. 그리고 초대해봅니다. '이 순간 내가 정말로 원하는 게 무엇일까?' 떠오르는 삶의 에너지(욕구)가, 번져가는 흐름에 빛과 색을 입히고 맛과 향이 그윽해집니다. 이렇게 세 가지 감정과 친구가 되면 삶은 더 안전해지고 관계는 더 즐거워집니다.

《분노 죄책감 수치심》, 리브 라르손, 이경아 옮김, 한국NVC출판사, 2025, 22쪽

Date

## 명상을 통해 생기와 온기를 되찾기

명상의 목적은 우리가 우리 자신에게 친절해지도록 격려하는 것입니다. 생각을 피하기 위해 숨을 헤아리지는 마세요. 최선을 다해 돌보기 위해 숨을 헤아리는 겁니다. 우리가 쉬고 있는 숨 하나하나를 정말 친절하게 대할 때, 명상을 통해 우리는 생기를 되찾고 따스한 느낌을 회복할 겁니다. 몸과 숨을 따스하게 느낄 때, 우리는 수행을 돌볼 수 있고 온전한 만족을 누리게 될 것입니다. 우리 자신에게 정말로 정말로 친절할 때, 우리는 자연스럽게 이런 느낌을 느끼게 됩니다.

- 젠케이 블랑쉬 하트만 Zenkei Blanche Hartman

*The Ongo Book*, Catherine Cadden and Jesse Wiens, Baba Tree International, 2017, 34쪽

Date.

## 경청을 위한 침묵

모든 대화에는 침묵이 필요하다. 침묵이 없으면 우리는 들을 수 없고 진정한 커뮤니케이션은 일어나지 않는다. 경청을 위한 침묵은 강요되거나 억지로 되는 것이 아니다. 이는 흥미에서 비롯되는 자연스러운 고요함이다. 꽃향기를 맡고 싶을 때, 우리는 어떻게 할까? 두 눈을 감고 꽃 가까이에 다가가 천천히 숨을 들이마신다. 향기를 맡는 동안 당신의 마음은 조용히 부풀어 오를 것이다. 이는 귀를 기울이기 위한 가장 강력한 방법이 될 수도 있다. 시인이자 교사인 마크 네포Mark Nepo는 이렇게 썼다. "귀를 기울인다는 것은 우리가 듣는 이야기에 따라 변화하겠다는 의지로 살며시 기대 오는 것이다."

《마음챙김과 비폭력대화》, 오렌 제이 소퍼, 김문주 옮김, 불광출판사, 2019, 171쪽

## 욕구는 악보 위에 있는 음표

우리가 어떤 욕구와 연결할 때, 그것은 마치 우리가 그 음표를 연주하는 일과 같습니다. 각 음표가 내는 소리와 그 소리가 우리 전 존재에 일으키는 공명에 귀를 기울일 때, 우리는 삶의 모든 측면과 보다 더 친밀해집니다. 총체적인 욕구들의 음계가 바로 삶입니다. 우리는 삶의 모든 측면과 점점 더 깊게 친밀해지고 있습니다. 욕구를 소유하거나 충족시키는 일이 아니라, 그 욕구로 존재한다는 것이 어떤 것인지를 탐색해봅시다. 욕구로 존재하는 일은 삶의 그 질감과 접촉하는 일입니다. 사실 욕구로 존재한다는 것은 정확하게 우리 자신이 되는 일입니다.

*The Ongo Book*, Catherine Cadden and Jesse Wiens, Baba Tree International, 2017, 56쪽

Date:

2부

지금,
무슨 일이
일어나고
있나요?

## 모든 씨앗은 어둠 속에서 자란다

자신이 처한 자리가 암흑처럼 느껴질 때 이를 무덤으로 잘못 해석하는 경우를 많이 본다. 당신이 거기에 심어진 식물이라고 가정해 보자. 모든 씨앗은 어둠 속에서 자라다가 움트면서 밝은 곳으로 올라온다. 현실의 고통 속에 단단히 뿌리를 내렸다면 이를 뚫고 올라올 수 있으며, 이 과정을 통해서 자신과 타인에게 훨씬 더 깊고 확고하게 연결될 수 있다. 이 과정을 겪고 나서야 우리는 비로소 고통 너머에 존재하는 세계에 진심으로 관심을 기울일 수 있다.

《치매가 인생의 끝은 아니잖아요》, 패티 비엘락스미스, 이민아 옮김, 한국NVC출판사, 2021, 210쪽

## 곁에서 가만히 들어주기의 힘

누군가 자신이 겪고 있는 문제를 털어놓을 때 그저 깊이 들어주고자 노력해 보세요. 당신이 들어주고 있음을 알 때 그는 자연스럽게 스스로 해결책을 떠올릴 것입니다. 당신이 할 일은 문제를 해결해 주는 것이 아니라 그의 말을 깊이 들어주는 것입니다. 곁에서 가만히 들어주는 것만으로 두 사람 모두 마음이 편안해지면서 더 큰 치유의 가능성이 열립니다.

《평화로운 삶》, 메리 매킨지, 이재석 옮김, 한국NVC출판사, 2025, 219쪽

## 지금, 무슨 일이 일어나고 있나요?

지금, 이 순간에 사십시오. 걱정을 하고 있다면 당신은 미래에 가 있는 것입니다. 후회를 하고 있다면 당신은 아직 과거에 머물러 있습니다. 바로 지금, 무슨 일이 일어나고 있나요? 지금, 당신에게는 음식과 친구, 사랑이 충분한가요? 그렇다면 그것을 축하하세요! 그렇지 않다면 지금, 당신의 경험을 변화시키기 위해 무엇을 할 수 있을지 생각해 보세요. 내일은 금방 옵니다. 내일에 이르는 과정을 즐기세요.

《평화로운 삶》, 메리 매킨지, 이재석 옮김, 한국NVC출판사, 2025, 268쪽

## 삶에서 내가 원하는 것은

삶에서 내가 원하는 것은, 가슴에서 우러나와 서로 주고받을 때 나와 다른 사람 사이에서 흐르는 연민이다.

*

비폭력대화는 우리가 원하는 곳에 의식의 빛을 비추는 훈련입니다. 비폭력대화로 살아가는 사람은 우리 모두의 인간성 안에 있는 연민이 피어나도록, 매 순간 생각과 말을 조율하려고 합니다. 연민은 나를 포함한 모든 생명체에게 행복은 증진되고 고통은 줄어들기를 염원하는 마음입니다. 내가 한 말이나 행동이 누군가 다른 존재에게 도움이 되었음을 확인할 때 느끼는 순수한 기쁨입니다.

《비폭력대화》, 마셜 B. 로젠버그, 캐서린 한 옮김, 한국NVC출판사, 2024, 22쪽

## 넌 나를 한 번도 이해한 적이 없어!

다른 사람을 비판하고, 비난하고, 분석하고, 해석하는 것은 자신의 욕구를 돌려서 표현하는 것이다. 어떤 사람이 "넌 나를 한 번도 이해한 적이 없어!"라고 했다면, 실제로는 이해받고 싶은 자신의 욕구가 충족되고 있지 않다는 말을 하고 있는 것이다. 또 아내가 "당신은 이번 주 내내 밤 늦게까지 일만 했어요. 당신은 나보다 일을 더 사랑하는 것 같아요."라고 했다면, 남편과 친밀한 관계를 맺고 싶은 자신의 욕구가 충족되고 있지 않다는 말을 하고 있는 것이다.

《비폭력대화》, 마셜 B. 로젠버그, 캐서린 한 옮김, 한국NVC출판사, 2024, 103~104쪽

## 아이가 주는 선물을 알아보고 받아주기

태어나는 순간부터 갓난아기들은 아기 특유의 따뜻함, 신뢰하는 눈빛, 미소를 비롯해 자기만이 줄 수 있는 선물을 넘치도록 가지고 있습니다. 모든 연령대의 아이들은 장난기 어린 마음과 웃음, 넘치는 호기심, 솔직함, 애정, 그리고 유머를 끊임없이 줍니다. 만일 부모가 이런 선물을 알아보고 받아줄 수 있다면, 자녀는 주는 사람으로서 자신이 얼마나 힘이 있는지, 자기가 주는 것이 받아들여질 때 얼마나 행복한지 알면서 자라날 겁니다.

《내 아이를 살리는 비폭력대화》, 수라 하트, 빅토리아 킨들 호드슨, 정채현 옮김, 한국NVC출판사, 2025, 143쪽

## 모든 참된 삶은 만남

실재감(현존)은 상호 의존성으로 통하는 문을 열어 준다. 실재감(현존)을 가지고 이끌면 단지 존재한다는 것만으로도 둘 모두가 중요해지는 관계의 영역에 들어설 수 있다. 우리는 다른 사람을 객체가 아닌 주체로 볼 수 있도록 바뀌어야 한다. 이는 마틴 부버가 그 유명한 '나-너 관계'로 묘사한, 강력하고도 영향력 있는 관점의 변화다. 그는 "모든 참된 삶은 만남이다"라고 말했는데, 부버에게 삶의 내면적 주관성에 대한 존중은 신성한 것이었다.

《마음챙김과 비폭력대화》, 오렌 제이 소퍼, 김문주 옮김, 불광출판사, 2019, 100쪽

## 감정이 주는 선물들

감정적으로 활기 넘치는 관계는 몸과 영혼을 충족시킨다. 감정이 주는 선물은 다음과 같다.

일상의 경험에 생동감, 다채로움, 미묘한 느낌을 선사한다.
무엇이 중요한지를 알려준다.
배우고 변화할 수 있게 한다.
우리가 가장 강렬히 원하는 것을 보여주는 지표가 된다.
건강을 개선하고 트라우마에 따른 스트레스를 줄인다.
결정을 내리는 데 도움을 준다.
유대감과 성적 경험을 풍성하게 한다.
기억에 중요한 역할을 한다.
무의식 세계의 끝자락으로 들어가 치유를 시작할 수 있게 한다.

《공명하는 자아》, 세라 페이턴, 신동숙 옮김, 한국NVC출판사, 2024, 109쪽

## 깊이 듣기의 기술

깊이 듣기는 다른 사람의 고통을 덜어줄 수 있습니다. 그 사람이 자신의 가슴을 비울 수 있도록 하려는 단 하나의 목적만 가지고 들어보세요.

- 틱낫한 Thich Nhat Hanh

*

당신은 사랑하는 사람이 힘들어할 때 가장 먼저 무엇을 하시나요? 힘듦에서 빨리 벗어나도록 돕고 싶은 마음에 이런저런 해결책을 제시하나요? 그 사람이 느끼고 있는 고통에 동화되어 같이 힘들어지나요? 사랑하는 사람의 손을 잡고 힘듦은 물밑으로 밀어 넣어 버리나요? 이런 성급한 반응은 도움이 되지 않을 때가 많습니다. 우선 필요한 일은 상대가 무엇을 경험하고 있든, 판단하지 않고 해결책도 제시하지 않으면서 그냥 함께 머물러 있어 주는 일입니다. 그 순간 그 사람이 경험하고 있는 고통이 흘러나올 수 있는 안전한 스페이스가 되어 주는 것입니다.

*The Ongo Book*, Catherine Cadden and Jesse Wiens, Baba Tree International, 2017, 110쪽

## 마음에서 나오는 말, 혀에서 나오는 말

마음에서 나오는 말은 마음으로 들어간다. 그러나 혀에서 나오는 말은 귀를 통과하지 못한다.

- 아부 알 나지브 수르라와르디 Abu Al-Najib Suhrawardi

《마음챙김과 비폭력대화》, 오렌 제이 소퍼, 김문주 옮김, 불광출판사, 2019, 417쪽

## 듣기가 주는 선물

정말로 누군가의 말을 듣는 일에는 독특한 만족감이 있습니다. 그것은 마치 천체의 음악을 듣는 일과 같습니다. 그 사람의 직접적인 메시지가 무엇이든 그 뒤에는 보편적인 것이 있기 때문입니다. 내가 정말로 듣는 것은 모든 개인적인 소통 안에 숨겨져 있는 질서 정연한 심리적 법칙들입니다. 우주 전체에서 발견되는 것과 같은 질서가 담겨 있지요. 따라서 듣는 일에는 이 사람을 듣는 만족감도 있고 동시에 개별적인 자아가 보편적인 진실과 접촉하는 느낌에서 오는 만족감도 있습니다.

- 칼 로저스 Carl Rogers

*The Ongo Book*, Catherine Cadden and Jesse Wiens, Baba Tree International, 2017, 137쪽

## 난 충족되지 못한 욕구가 있어!

아이가 형제자매나 부모를 맹렬히 비난한다면, 아이는 "난 충족되지 못한 욕구가 있어!" 하고 비명을 지르고 있는 겁니다. 그 아이를 비난하거나 혼내는 것은 아이가 겪고 있는 고통을 가중할 뿐입니다. 시간을 내서 아이의 느낌과 욕구에 귀를 기울임으로써 아이가 경험하고 있는 고통 밑에서 일어나고 있는 일을 존중하는 마음으로 들어주세요. 무엇보다도 아이들은 (그리고 모든 사람은) 정말로 무슨 일이 일어나고 있는지가 들리기를, 그리고 이해받기를 원합니다.

《내 아이를 살리는 비폭력대화》, 수라 하트, 빅토리아 킨들 호드슨, 정채현 옮김, 한국NVC출판사, 2025, 117쪽

## 자유롭게 느낌을 느끼기 위해

움켜잡거나 밀어내지 않은 채 그냥 느낌을 알아차리는 법을 배우면, 느낌은 변화무쌍한 날씨처럼 우리를 통해 흐를 수 있다. 우리는 자유롭게 느낌을 느끼고 바람처럼 움직일 수 있게 된다.

- 잭 콘필드 Jack Kornfield

느낌은 삶의 웰빙 상태를 알려주는 몸의 신호입니다. 신호가 올라올 때 몸을 통해 느끼고 말을 붙여 소통하면, 특정 느낌은 풀어지고 변화하고 흘러갑니다. 그런데 몸으로 느끼는 대신 생각을 지어내기 시작하면 몸이 수축하고 그 위에 스토리가 구축되어 고정화됩니다. 생각의 성벽을 쌓는 대신 몸으로 느낌을 느끼세요. 그리고 가능하다면 느낌을 말로 표현해보세요. 삶의 저자가 나 자신이라는 뿌듯함이 찾아오고, 가까운 가족이나 동료에게 친절해지며, 자기 자신의 좋은 친구가 될 거예요.

*The Ongo Book*, Catherine Cadden and Jesse Wiens, Baba Tree International, 2017, 162쪽

Notes

## 아이들이 당신의 눈과 귀가 되도록

아이들은 놀고, 탐험하고, 깔깔 웃고, 놀라면 소리를 지릅니다. 아이들은 자기들과 함께하자고 우리에게 끊임없이 초대장을 보냅니다. 그들의 초대를 받아들이고 그들 세계 속으로 건너가세요. 그들이 당신 세계로 가져다주기를 바라는 만큼의 정신과 기꺼이 하려는 마음을 가지고 가세요. 그들이 당신의 눈과 귀가 되게 하세요. 난생처음으로 모래 위를 걷는 것, 두 바퀴 위에서 균형을 잡으며 쌩하고 달려가는 것, 데이지 꽃잎을 떼어내며 꽃이 뒤로 약간 당겨지는 것을 감지하는 것, 난생처음으로 비행기 소리나 바람 소리 또는 까마귀 소리를 듣는 것이 어떤 느낌일지 상상해 보세요. 그들의 경외감이 여러분의 경외감일 수 있습니다. 아이들은 그것을 여러분과 함께하기를 기꺼운 마음으로 기다리고 있습니다.

《내 아이를 살리는 비폭력대화》, 수라 하트, 빅토리아 킨들 호드슨, 정채현 옮김, 한국NVC출판사, 2025, 151쪽

## 본연의 우리 자신을 기억하는 일

자신이나 다른 사람에게 중요한 것이 무엇인지 추측하는 것은 근본적이고 성스러운 행동이다. 이런 행동에는 인간성과 진실의 힘에 대한 믿음이 필요하다. 이런 행동은 자신의 중심을 어루만질 수 있게 해 준다. 이런 과정을 통해 발견하는 특성은 영원하므로 외부 환경 때문에 바뀌지 않는다. 그저 트라우마, 도움 부족, 부상, 고통, 부족한 자원(가난, 건강 악화, 자연을 접할 수 없음, 시간 내에 해야 할 일이 너무 많음) 등의 상황 때문에 묻혀 있었을 뿐이다. 욕구와 가치를 정확히 밝히고 깊은 차원에서 무엇이 중요한지를 추측할 때, 우리는 이런 특성을 일깨우고 본연의 우리 자신을 기억할 수 있다.

《공명하는 자아》, 세라 페이턴, 신동숙 옮김, 한국NVC출판사, 2024, 161쪽

## 언어라는 우주

언어는 매우 강력하다. 언어는 그저 현실만 묘사하는 것이 아니다. 언어는 자신이 묘사하는 현실을 창조한다.

―데스몬드 투투 Desmond Tutu

*

말을 할 때 항상 선택이 있다는 것을 알아차려 보세요. 연결의 언어가 있고 단절의 언어가 있습니다. 나와 상대를 똑같이 존중하는 말이 있고, 나 혹은 상대 중 한쪽만 존중하는 말이 있으며, 나와 상대 둘 다 무시하는 말이 있습니다. 나와 상대가 모두 삶을 풍요롭게 할 수 있는 힘을 가진 존재라는 사실을 의식합니다. 말은 두 힘을 합치게 만들 수도 있고, 두 힘이 서로 대항하게 만들 수도 있습니다. 연결의 말을 선택하면 연결의 세상이 더 빨리 자라납니다.

《마음챙김과 비폭력대화》, 오렌 제이 소퍼, 김문주 옮김, 불광출판사, 2019, 39쪽

Date.

# 우리 내면의 더 깊은 곳에 이를 수 있는 열쇠

분노, 수치심, 죄책감의 손아귀에 붙잡혀 있는 한, 우리는 다른 사람의 욕구를 받아들일 수 없다. 모든 것이 나에 관한 것이고 내가 느끼는 느낌이 얼마나 끔찍한지에 관한 것이기 때문에, 새로운 어떤 것도 창조할 수 없다. 이 느낌들이 우리 마음을 장악하도록 허용하면, 우리는 조종당하고 통제당하기 쉬워진다. 우리가 자기 자신이나 다른 사람들에게 온전히 다가갈 수 있는 유일한 길은 이 감정들을 우리 내면에 있는 더 깊은 곳으로 가는 열쇠로 사용하는 것이다.

《분노 죄책감 수치심》, 리브 라르손, 이경아 옮김, 한국NVC출판사, 2025, 100~101쪽

## 인간은 궁극적으로 스스로 결정하는 존재

인간은 물건이 아니다. 물건은 스스로 결정할 수 없지만, 인간은 궁극적으로 스스로 결정하는 존재다. 자신이 무엇이 될 것인가는 바로 자기 자신으로부터 나온다. 살아 있는 생지옥의 실험실 같았던 나치 수용소에서 나는 인간이 그러한 환경에서도 스스로 무엇이 될 것인가를 결정하는 존재라는 것을 목격할 수 있었다. 수용소에 수감된 사람 중 누군가는 돼지처럼 행동하는가 하면 누군가는 성자처럼 행동하는 것을 똑똑히 보았다. 인간은 돼지 혹은 성자라는 두 가지 잠재성을 자신 안에 모두 가지고 있다. 돼지나 성자 중 어떤 것이 될지는 조건이나 환경이 아니라 자신의 결정에 달려 있다.

《무의미의 의미》, 빅터 프랭클, 김미라 옮김, M31, 2021, 61~62쪽

## 공감을 주기 위해서는 공감이 필요하다

자신이 가지고 있지 않은 것을 남에게 주는 것은 불가능하다. 마찬가지로, 공감하려는 노력을 기울이는 데도 공감할 수 없거나 공감하고 싶은 마음이 들지 않는다면, 그것은 다른 사람에게 공감해 주기에는 우리 자신이 너무도 공감에 굶주려 있어서 다른 사람에게 줄 수 없다는 증거이다. 만약 우리가 자신의 고통 때문에 상대방에게 공감하기가 어렵다는 것을 솔직히 인정한다면, 우리에게 필요한 공감을 그에게서 받게 될 수도 있다.

\*

부탁하는 데는 용기가 필요합니다. 혼자 힘으로 삶을 살아갈 수 없다는 것을 인정해야 하니까요. 이런 면에서 부탁은 영성의 산물이자 연결의 촉진제입니다. '내가 자극을 받아 혼란스러워요. 내가 나 자신으로 돌아올 수 있도록 들어주세요'라고 공감을 부탁하는 일은 영성과 연결의 한가운데에 있습니다. 나의 연약함을 솔직하게 드러내는 용기가 필요합니다. 자신에게 돌봄을 받을 기회를 허용하고, 다른 사람에게 돌봄을 줄 기회를 선물합니다. 주고받는 흐름 속에 나를 놓아줍니다.

《비폭력대화》, 마셜 B. 로젠버그, 캐서린 한 옮김, 한국NVC출판사, 2024, 183쪽

## 그저 지나는 단계일 뿐이라오

초승달이 진료실에 들어가면서 의사에게 말한다. "나 자신이 너무 공허하게 느껴져요." 그러자 의사가 답한다. "걱정할 것 없어요. 그저 지나는 단계일 뿐이라오."

《치매가 인생의 끝은 아니잖아요》, 패티 비엘락스미스, 이민아 옮김, 한국NVC출판사, 2021, 104쪽

3부

속도를
늦추는
삶에
대하여

## 마음챙김으로 내면의 풍경 탐구하기

공감은 인간은 개별적 존재라는 관점에 이의를 제기하고 다른 사람들과 인간다움을 나눌 수 있게 노력하도록 이끈다. 이를 위한 첫 단계는 우선 마음챙김을 통해 우리의 경험과 좀 더 깊이 연결되는 것이다. 자각은 공감적 연결을 위한 기반이 된다. 우리가 우리 인생이 만들어 낸 내면의 풍경을 좀 더 세밀하고 풍부하게 탐구할 때, 다른 사람의 내적 인생을 이해하는 능력 역시 발전한다.

《마음챙김과 비폭력대화》, 오렌 제이 소퍼, 김문주 옮김, 불광출판사, 2019, 188쪽

## 내면의 자유는 어디에서 오는가

내면의 자유는 결과를 통제할 수 있는 것에서 나오지 않는다. 자유는 우리의 가치를 아는 것에서, 그리고 균형 잡힌 삶을 살 수 있도록 내면의 자원을 개발하는 데에서, 그리고 흘려보낼 것은 흘려보낼 수 있는 것에서 나온다. 이러한 성숙의 과정은 충족되지 못한 욕구에도 평화를 느낄 수 있는 능력을 개발하는 것에서 시작한다.

\*

욕구가 충족되지 않고 있음을 알아차리는 순간, 마음은 두 가지 선택을 할 수 있습니다. 욕구가 충족되지 못했다는 판단으로 상처 입을 수 있고, 충족되지 못한 욕구의 아름다움을 향해 가슴을 열고 그 에너지를 향한 내 열망을 수용할 수 있습니다. 첫 번째 선택을 하면 다른 사람들, 나 자신, 삶과 멀어져 외로워집니다. 두 번째 선택을 하면 부드러움, 희망, 용기가 생깁니다. 비폭력대화 욕구명상은 삶에서 충족되지 못한 욕구와 어떤 관계를 맺을지에 대한 훈련을 제공합니다.

《마음챙김과 비폭력대화》, 오렌 제이 소퍼, 김문주 옮김, 불광출판사, 2019, 218~219쪽

## 땅 어머니를 감싸는 하늘 아버지

모든 끼니는 우주를 먹는 것이고, 모든 호흡은 우주를 마시는 것이며, 태양 에너지에서 오는 에너지는 우주의 에너지이다. 우주는 비현실적 관념이 아니라, 지구 존재의 자궁이며 태반이다. 하늘 아버지는 땅 어머니를 감싼다.

《남자는 어떻게 불행해지는가》, 매튜 폭스, 김광국 옮김, 한국NVC출판사, 2023, 48쪽

## 우리의 관찰에 대하여

관찰하는 과정에서 우리는 하나의 상황에 대해 하나 이상의 관점이 존재하며, 우리의 관찰은 거의 언제나 우리의 주관적 경험의 영향을 받는다는 것을 인정해야 한다.

*

여덟 살인 친구 아들이 자기 또래와 컴퓨터 게임을 하다가 냉장고로 뛰어가 우유병을 꺼내 들고 게임을 이어가려고 급히 방으로 뛰어가다가 우유병을 놓쳤습니다. 뚜껑이 열려 우유가 사방으로 튀면서 마룻바닥에 쏟아졌을 때 친구가 말했습니다. "우유가 쏟아졌네." 잠깐 멈췄다가 친구가 이어서 말했습니다. "화장실 가서 휴지 가져와. 엄마는 걸레 가져올게. 같이 치우자." 비폭력대화에서 관찰을 배울 때 이 장면이 떠올랐습니다. "우유가 쏟아졌네." 이 명료한 관찰 문장이 삶에서 불편한 일이 일어났을 때 어떻게 우아하게 대응할 수 있는지에 대한 명징한 교훈으로 남아 있습니다.

《마음챙김과 비폭력대화》, 오렌 제이 소퍼, 김문주 옮김, 불광출판사, 2019, 302쪽

## 습관과 선택

자극과 반응 사이에 공간이 있습니다. 그 공간에 우리가 반응을 선택할 수 있는 힘이 있습니다. 우리의 성장과 자유는 우리가 선택하는 반응에 달려 있습니다.

-빅터 프랭클 Viktor Frankl

\*

최근에 수영을 배우다가 내가 팔로 힘을 쓸 때 가슴과 목을 웅크리는 습관이 있다는 것을 알게 되었습니다. 특정 근육이나 인대만이 아니라 순간적으로 신경계 전체를 수축시키는 패턴을 보게 되었어요. 그렇게 하니 몸이 물에 충분히 뜨지 않아 물살이 팔에 걸리고 앞으로 나아가는 데 큰 저항을 만들어내고 있다는 것을 알아차렸습니다. 몸을 웅크리는 대신 살짝 펴주고 부드럽게 물을 밀어내면서 물감을 느끼는 연습을 합니다. 한두 번은 부드럽게 나아가지만, 곧 습관으로 돌아가 힘을 쓰면서 웅크려 스스로 저항을 만들어냅니다. 아! 내가 이렇게 살아왔구나! 나를 믿고 물을 믿고 부드럽고 우아하게 흐르면서 살고 싶습니다.

*The Ongo Book*, Catherine Cadden and Jesse Wiens, Baba Tree International, 2017, 119쪽

## 존중이라는 말의 진정한 의미

'존중'이라는 말의 핵심 의미는 '보는 것'입니다. 그런데 무엇을 볼까요? 우리 생각엔, 다른 사람을 '존중한다'는 것은 그 사람이 경험하고 있는 것을 보는 것, 특히, 그 사람의 지금 느낌과 욕구를 존중하는 마음으로 보는 것입니다.

《내 아이를 살리는 비폭력대화》, 수라 하트, 빅토리아 킨들 호드슨, 정채현 옮김, 한국NVC출판사, 2025, 44쪽

Date:

## 자녀가 혼자 힘으로 출발할 때 필요한 것

만약 여러분이 자기 욕구를 돌보지 않아서 스스로 튼튼하지 못하다면, 자녀가 생존할 수 있도록 도울 수는 있겠지만, 그들이 뻗어 나가도록 돕는 데 필요한 생기와 현존은 누리지 못할 겁니다. 또한, 자기 자신을 잘 돌보는 사람의 본보기가 되어주지도 못하겠지요. 그런데 자녀가 혼자 힘으로 출발할 때 그 무엇보다 필요한 것은 바로 그것입니다.

《내 아이를 살리는 비폭력대화》, 수라 하트, 빅토리아 킨들 호드슨, 정채현 옮김, 한국NVC출판사, 2025, 51쪽

## 속도를 늦추는 삶에 대하여

해를 끼치지 않으려면 항상 깨어 있어야 한다. 깨어 있기 위한 한 가지 방법은 우리가 무슨 말을 하고 어떻게 행동하는지 알아차릴 만큼 속도를 늦추는 것이다.

- 페마 초드론 Pema Chodron

《내 아이를 살리는 비폭력대화》, 수라 하트, 빅토리아 킨들 호드슨, 정채현 옮김, 한국NVC출판사, 2025, 66쪽

## 분노와 미움의 짐을 내려놓기

용서는 지난날의 괴로움을 놓아주는 일입니다. 우리에게 있을지 모르는 분노나 미움의 짐을 내려놓는 일입니다. 그것은 붙잡고 있는 것이 두려움 때문이라는 사실, 즉 과거가 되풀이될 거라는 두려움, 상처와 고통이 계속되리라는 두려움 때문이라는 것을 인식하는 것입니다. 용서는 두려움으로부터의 해방입니다.

*The Ongo Book*, Catherine Cadden and Jesse Wiens, Baba Tree International, 2017, 148-149쪽

## 우리가 말하는 속도를 바꾸면

멈춤은 우리가 탐구해 볼 만한 것이 아주 풍부한 영역이면서, 실재감(현존, 존재로 있기)을 연습할 수 있는 강력한 방식이기도 하다. 말은 호흡을 통해 만들어지고 호흡은 신경계와 직접적으로 연결되기 때문에, 우리가 말하는 속도는 가끔 우리 내면의 상태를 직접적으로 반영하기도 한다. 재미있는 것은, 우리가 말하는 속도를 바꾸면 내면의 상태를 전환시킬 수도 있다는 것이다.

《마음챙김과 비폭력대화》, 오렌 제이 소퍼, 김문주 옮김, 불광출판사, 2019, 97쪽

## 너의 미소를 보며

오늘 아침 네가 학교 가려고 집을 나서면서 나를 보고 크게 미소 지었잖아. 그걸 보며 난 정말 행복했어. 그렇게 짧게 연결하는 순간이 난 참 좋아.

*

아들 건주가 군 복무를 하고 있을 때 휴가를 나왔다가 돌아가는 시간이 되었습니다. 현관에 앉아 아주 천천히 목이 긴 군화의 끈을 한 칸 한 칸 조여 맵니다. 그 속도가 충분히 느리기 때문에 그 시간 속에는 풍부한 스페이스가 있습니다. 숨결도 느껴집니다. 내 숨과 아들의 숨이 공간 속에서 합쳐집니다. 말이 없지만, 그 텅 빈 합주가 온몸에 울립니다. 건주가 시간과 공간을 그토록 느리게 연주할 수 있다는 것이 그때 큰 위로가 되었습니다. 참 믿음직스러웠어요.

《내 아이를 살리는 비폭력대화》, 수라 하트, 빅토리아 킨들 호드슨, 정채현 옮김, 한국NVC출판사, 2025, 146쪽

## 삶에서 좋은 것들은 공짜다

무엇인가를 돌려받으리라는 기대 없이 거저 주는 것, 또는 의무감이나 죄책감, 두려움 없이 거저 주는 것은 다른 사람들이 당신에게 거저 주도록 마중물을 붓는 것입니다. 그리고 그렇게 기꺼이 주고받을 때, 주는 사람과 받는 사람 모두 큰 기쁨과 진정한 연결을 느낍니다.

《내 아이를 살리는 비폭력대화》, 수라 하트, 빅토리아 킨들 호드슨, 정채현 옮김, 한국NVC출판사, 2025, 148쪽

## '아니오'라고 느낄 때 '아니오'라고 말하기

'아니오'라고 말함으로써 삶 자체와 보편적인 욕구를 보호할 수 있습니다. 우리가 두려움, 죄책감, 수치심, 의무감 때문에 '아니오'라고 말하고 싶을 때 '예' 하도록 길들었을지라도, '아니오'라고 느낄 때 '아니오'라고 말하는 일은 가장 깊은 자기-사랑의 실천입니다. 다른 사람을 위해 자신의 욕구를 계속해서 희생하지 마세요. 다른 사람의 부탁에 대해 '예' 할 때는 그것이 전적으로 우리 자신의 욕구와 연결된 선택이라는 걸 믿을 수 있도록 자유로워지세요. '아니오'라고 말하는 일은 다른 사람들에게도 도움이 됩니다.

*The Ongo Book*, Catherine Cadden and Jesse Wiens, Baba Tree International, 2017, 204쪽

## 아이에게 줄 수 있는 가장 큰 선물

우리가 우리 아이에게 줄 수 있는 가장 큰 선물은 우리가 가진 많은 것을 아이와 나누는 것만이 아니라, 아이가 얼마나 많은 것을 가지고 있는지 스스로 알게 해 주는 것이다.

- 스와힐리 격언

\*

어른이 가진 것을 아이에게 줄 때 조심해야 합니다. 지배 질서를 이식하는 일이 될 수 있으며 이는 어쩔 수 없이 폭력이니까요. 사랑한다는 이유로 아이가 가지고 있는 것을 질식시키고 있지 않나요? 아이가 가지고 온 선물이 무엇인지 호기심을 가지고, 안전한 표현의 장을 만들어 주세요. 안전하다는 것은 아이가 무엇을 표현하든 비난받거나 평가받지 않는다는 뜻입니다.

《내 아이를 살리는 비폭력대화》, 수라 하트, 빅토리아 킨들 호드슨, 정채현 옮김, 한국NVC출판사, 2025, 145쪽

## 다른 사람의 행동이 우리를 화나게 할 때

우리가 관점을 바꿔서 다른 사람이 하는 행동을 우리에게 반대하려는 것이 아니라, 자신의 욕구를 충족하려는 시도라고 보면, 우리는 훨씬 더 쉽게 그 사람과 연결할 수 있다. 사람들이 하는 모든 행동이 자신의 욕구를 충족하려는 갈망에서 나왔다고 믿으면, 연민이 일어난다. 사람들이 우리와 똑같이 공동체, 자유, 사랑, 의미, 존경, 돌봄과 같은 욕구를 가지고 있음을 깨달아 다른 사람들 안에서 우리 자신을 볼 수 있기 때문이다. 다른 사람의 행동으로 인해 화가 날 때, 우리는 그 사람이 어떤 욕구를 충족하려고 그런 행동을 했을지 추측해볼 수 있다.

《분노 죄책감 수치심》, 리브 라르손, 이경아 옮김, 한국NVC출판사, 2025, 56~57쪽

## 몸의 느낌을 서술하기

나는 몸에서 느껴지는 감각을 '느낌'이라고 부른다. 몸에서 어떻게 느껴지는지를 서술할 수 있게 되면, 우리가 무엇을 필요로 하는지에 대한 정보를 얻고 그것을 다른 사람에게 말하기가 쉬워진다. 다른 사람이 우리의 느낌을 알게 되면, 우리가 처한 내적인 현실을 마치 자신도 그 속에 있는 것처럼 이해하기가 쉬워진다. 느낌은 모든 인간이 공통으로 가진 것이기 때문이다.

《분노 죄책감 수치심》, 리브 라르손, 이경아 옮김, 한국NVC출판사, 2025, 59쪽

## 우리 눈 속에 있는 들보, 판단

판단하지 않는다는 것은 상대의 부정적인 면이 투영되지 않도록 상대를 다른 시각으로 바라보라는 뜻이다. 판단은 바로 우리 눈 속에 있는 들보다. 이 들보를 빼내야만 우리는 상대가 충족되지 않은 욕구를 지닌 한 인간일 뿐이며, 그들의 행동은 자신의 욕구를 충족하려다 보니 벌인 비극적인 시도에 불과하다는 점을 이해할 수 있다.

《비폭력으로 살아가기》, 에디 자카파, 김하늘 옮김, 한국NVC출판사, 2023, 120쪽

## 감각은 오직 지금, 이곳에서만

실재감(현존)을 배양하기 위한 가장 믿음직한 방법 가운데 하나는 우리의 주의를 몸의 감각과 엮는 것이다. 세상을 살면서 다른 이들과 상호 작용하다 보면, 눈에 보이는 것과 귀에 들리는 것에 주의력이 달아나 버리고 과거나 미래에 대한 생각에 매몰되어 버린다. 주의를 몸에 고정하는 것은 우리가 알아차림의 상태로 머무를 곳을 마련함으로써 이러한 경향에 대항하는 것이다. 감각은 오직 지금, 이곳에서만 생겨난다. 감각에 집중한다면 그 순간 당신은 실재하게 된다.

《마음챙김과 비폭력대화》, 오렌 제이 소퍼, 김문주 옮김, 불광출판사, 2019, 71쪽

## 비폭력은 마음의 문제

비폭력을 실천하는 데는 노력과 연습, 헌신이 필요하다. 이를 실천하려면 상대에게 열린 마음으로 다가가야 한다. 그들을 사랑하는 데 방해가 되는 생각이 떠오르면, 바로 깨닫고 그들에게 아무런 해를 끼치지 않으면서 그들의 인간적인 모습을 발견해야 한다.

《비폭력으로 살아가기》, 에디 자카파, 김하늘 옮김, 한국NVC출판사, 2023, 20~21쪽

## 죽음을 향해 천천히 웃으며 다가가기

죽음의 긍정은 죽음 앞에서 가벼워지게 한다. 죽음을 긍정한다는 것은 죽음에 삶을 바치는 것이 아니며, 목숨을 걸고 무언가를 향해 달려가는 것이 아니다. 죽음의 긍정이란 죽음에 이를 때까지 평온하게 삶을 밀고 나가는 것이다. 도래할 죽음을 향해 천천히 웃으며 다가가는 것이다. 가벼움의 감응으로 웃으면서, 신체에서 어쩔 수 없이 일어나는 공포마저 그 웃음에 실어 흩어 버리고, 그 웃음으로 상황을 쿨하게 지켜보는 것이다. 웃으면서 어떻게 '죽을 것이며' 무엇을 남길 것인지, 무엇이 되어 남을 것인지 사유하는 것이다.

《지구의 철학》, 이진경, 최유미, 그린비, 2024, 408~409쪽

Date. / /

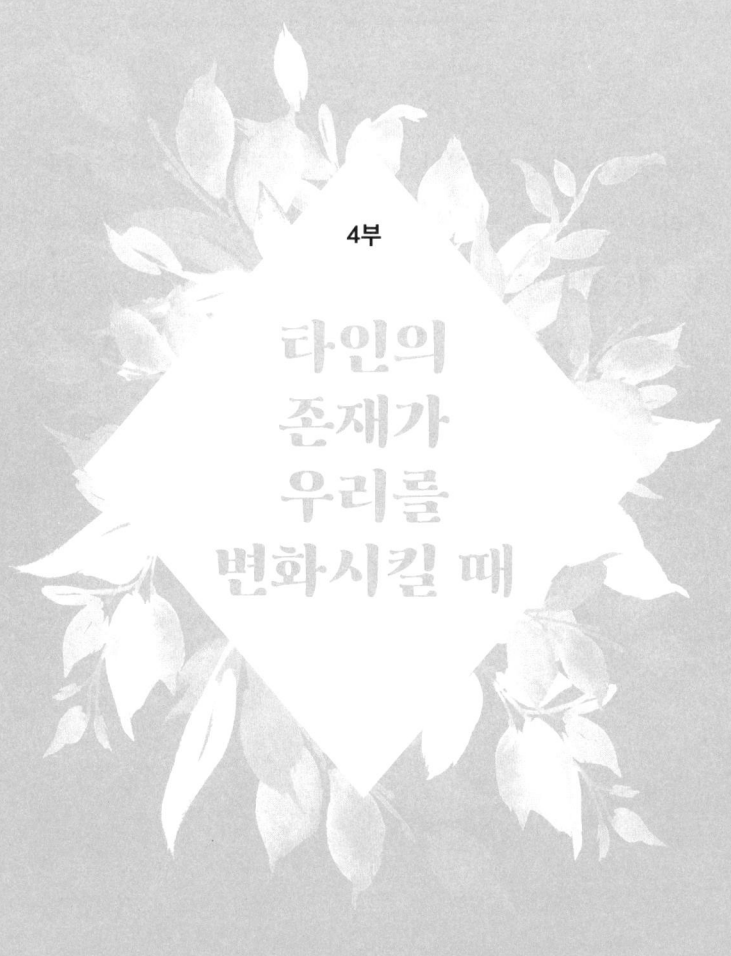

4부

타인의 존재가 우리를 변화시킬 때

## 치유에 이르는 길

고통을 덮으려고 비뚤어진 길을 가지 않고 치유로 이끌어주는 길, 우리가 현재 느끼는 감정에 솔직해지고 이런 감정이 어떤 욕구와 연결되어 있는지 발견하는 길을 걷기를 바란다. 결정을 내릴 때는 자신의 욕구와 가치관이 핵심이 되어야 한다. 우리가 가치를 두는 것, 우리에게 중요한 것과 연결될 때 우리는 치유될 수 있다.

《비폭력으로 살아가기》, 에디 자카파, 김하늘 옮김, 한국NVC출판사, 2023, 62~63쪽

## 타협과 조정, 힘을 넘어서

타협을 통해 해결하면 모두가 조금씩 잃는다. 조정을 통해 갈등을 풀면 보통 한쪽이 정당하다고 판정받는다. 힘으로 이긴 경우는 이런 저런 협박으로 한쪽이 얻고 다른 쪽이 잃는다. 간디식 접근법에서는 양쪽이 공정하다고 여길 대안을 함께 생각하는 데 중점을 둔다.

- 테런스 J. 라인 Terrence J. Rynne

*

비폭력 중재 과정은 당사자 모두가 자신의 욕구와 연결되어 명료성과 여유가 생기는 과정입니다. 또한, 당사자 모두가 상대방의 욕구와 연결되어 좀 더 큰 존재가 되는 과정입니다. 양쪽 모두가 잃지 않고 윈-윈 게임을 하려면 양쪽 모두 상대방의 욕구를 포함하여 넓어져야 합니다. 이렇게 하면 갈등이 더 큰 존재로 성장하도록 우리를 촉진하는 선물이 될 수 있습니다.

《비폭력으로 살아가기》, 에디 자카파, 김하늘 옮김, 한국NVC출판사, 2023, 95쪽

## 행복은 그저 따라오는 것

우리는 행복을 추구하기 때문에 오히려 행복을 얻지 못한다. 행복 추구 자체가 행복을 방해한다. 행복은 추구할 수 없는 것이다. 따라오는 것이다. 즉 행복이란 오직 자기초월적인 삶을 통해서만 얻을 수 있는 부산물이다. 삶의 의미를 실현하거나 혹은 다른 사람을 사랑하게 되면 행복은 자동으로 따라오게 되어 있다. 그러나 행복을 목표로 하면 할수록 그 목표는 더욱더 빗나가게 된다.

\*

나치 수용소에서 살아 돌아온 빅터 프랭클이 본 인간성의 핵심은 자기초월입니다. 인간의 근본 동기를 성욕으로 본 프로이트나 우월성 추구로 본 아들러에 비하면, 참 고상한 인간관입니다. 인간의 가장 추악한 면을 몸소 겪었기 때문에 인간의 가장 선하고 아름다운 면을 믿고 지향할 수 있었을까요? 내 안에 나 아닌 것들을 담아 보아요. 내 행복만 추구하면 병드니까요. 인간은 우리가 생각하는 것보다 더 큰 존재일지도 모르겠습니다.

《무의미의 의미》, 빅터 프랭클, 김미라 옮김, M31, 2021, 21쪽

## 삶을 유지하는 데 필요한 자원, 욕구

욕구라는 말은 삶을 유지하는 데 필요한 자원을 일컫는 데 쓸 수 있는 말이다. 우리 몸의 웰빙은 공기, 물, 휴식, 영양의 욕구들이 충족되는지에 달려 있다. 우리의 심리적·영적 웰빙은 이해, 지원, 우정, 솔직함, 의미의 욕구들이 충족될 때 강화된다. 불행하게도, 어린 시절부터 욕구를 명료하게 표현하는 법을 배운 사람들은 소수에 불과하다. 그 대신에 우리는 욕구를 충족하기 위해 비판, 강요, 위협하는 법을 익혀왔다. 대부분의 이런 방법들은 사람들 사이에 거리를 만들어내기 때문에, 결과적으로 우리가 원하는 것을 얻는 데에는 거의 이를 수가 없다.

《분노 죄책감 수치심》, 리브 라르손, 이경아 옮김, 한국NVC출판사, 2025, 64~65쪽

## 우리가 한배를 탄 이유는

서로서로 연결되어 있어서 우리가 하는 행동과 내린 결정이 모두에게 영향을 미친다는 사실을 깨달으면, 우리가 한배를 탔다는 점을 이해할 수 있다. 이 점이 모두를 사랑하고, 비폭력을 실천하고, 삶을 풍요롭게 해야 하는 이유다. 비폭력을 실천한다는 건 이러한 통찰에 계속해서 연결하고 연민의 흐름과 함께한다는 뜻이다. 우리가 하는 행동이 타인에게 영향을 미치고 타인의 행동이 우리에게 영향을 주기에 우리는 모두가 옳은 방향으로 향하도록 조심스레 줄을 당겨야 한다.

《비폭력으로 살아가기》, 에디 자카파, 김하늘 옮김, 한국NVC출판사, 2023, 150~151쪽

## 자신의 진짜 모습과 멀어질 때

우리가 특정한 모습을 하도록 또래와 가족, 사회가 영향을 미치기에 우리는 종종 다양한 사람을 기쁘게 하려고 가면을 쓴다. 여기서 위험한 점은 다른 사람이 생각하는 자신의 모습이 곧 자신이라고 착각하면서 자신의 진짜 모습과 자기가 진정 바라는 모습은 잊힐 수 있다는 사실이다. 우리는 더 많이 갈망하는 상태로 남겨지고 자신을 온전히 받아들일 때 오는 자유에서 점점 멀어진다.

《비폭력으로 살아가기》, 에디 자카파, 김하늘 옮김, 한국NVC출판사, 2023, 156~157쪽

## 우리가 그은 경계선에서 균형 잡기

자신을 소중히 여기지 않으면 상대가 우리를 괴롭혀도 내버려두게 된다. 반면 자신을 사랑하고 적절한 선을 그을 줄 알면 상대도 사랑하는 법을 익힌다. 우리가 그은 경계선에 균형이 잡혀서 자신과 상대의 삶을 풍요롭게 한다면 우리에게는 사랑과 도움을 나누어줄 여력이 생긴다. 그렇게 우리는 상대에게 나누어줌으로써 기쁨을 느낀다.

《비폭력으로 살아가기》, 에디 자카파, 김하늘 옮김, 한국NVC출판사, 2023, 36쪽

## 사랑은 우리가 드러내고 행하며 가지고 있는 것

비폭력대화는 제가 사랑이라는 개념을 이해하고, 사랑을 어떻게 드러내고, 사랑을 어떻게 행할지 모색하는 과정에서 자라났습니다. 저는 사랑이 단지 우리가 느끼는 것뿐만 아니라 우리가 드러내는 것, 우리가 행하는 것, 우리가 가지고 있는 것이라는 결론에 도달했습니다. 그리고 사랑은 우리가 주는 것입니다. 우리는 우리 자신을 특별한 방식으로 줍니다. 우리가 우리 자신을 벌거벗은 채로 솔직하게 드러낼 때, 어느 순간 우리 안에 살아 있는 것을 드러내는 일만을 목적으로 그렇게 할 때, 그것은 선물입니다. 비난하거나 비판하거나 벌주기 위해서가 아닙니다. 그저 "여기 내가 있습니다. 그리고 여기 내가 원하는 것이 있습니다. 이것이 이 순간 나의 연약함입니다." 저에게는 이렇게 줌으로써 사랑이 드러납니다.

《비폭력대화와 사랑》, 마셜 B. 로젠버그, 이경아 옮김, 한국NVC출판사, 2018, 106~107쪽

## 가슴에서 우러나와 기꺼이 주는 일

비폭력대화의 핵심 목적은 다른 사람과 연결하고 그럼으로써 신성한 에너지와 연결되어, 연민으로 주고받는 것을 가능하게 하는 것입니다. 이 점을 기억하는 것이 무엇보다 도움이 됩니다. 그것은 가슴에서 나와서 기꺼이 주는 것입니다. 의무나 책임감, 또는 벌에 대한 두려움, 보상, 죄책감이나 수치심 때문이 아니라 내가 우리의 본성이라고 생각하는, 즉 다른 사람에게 주는 것을 즐거워하는 마음에서 우러나와 자신과 다른 사람을 돌보는 것입니다.

《비폭력대화와 실천적 영성》, 마셜 B. 로젠버그, 캐서린 한 옮김, 한국NVC출판사, 2021, 21~22쪽

## 공감적 연결의 진정한 의미

공감적 연결이란 다른 사람 안에 있는 아름다움을, 신성한 에너지를, 생동하는 삶을 가슴으로 이해하는 것입니다. 그 아름다움과 신성한 에너지와 생동하는 삶과 연결하는 것입니다. 머리로 이해하는 게 아니라 가슴으로 연결하는 것입니다. 공감은 다른 사람과 같은 느낌을 우리가 느껴야 한다는 뜻이 아닙니다. 그건 동감sympathy입니다. 나는 슬픈데 다른 사람은 화가 나 있을 수 있습니다. 여기서 말하는 공감은 똑같은 느낌을 가지는 게 아니라 다른 사람과 함께 있는 것을 뜻합니다.

《비폭력대화와 실천적 영성》, 마셜 B. 로젠버그, 캐서린 한 옮김, 한국NVC출판사, 2021, 43~44쪽

## 어둠은 어둠을 몰아낼 수 없다

물고기 그물은 물고기 때문에 존재한다.

일단 물고기를 잡았다면 그물은 잊어도 된다.

토끼 덫은 토끼 때문에 존재한다.

일단 토끼를 잡았다면 덫은 잊어도 된다.

말은 의미 때문에 존재한다.

일단 의미를 찾았다면 말은 잊어도 된다.

그렇다면 어디에 가면 말을 잊은 사람을 찾을 수 있을까?

그래야 그 사람과 말을 해볼 수 있을 텐데.

증오를 증오로 되갚는 것은 증오를 증폭시키며

이미 별들이 사라진 밤에 더 깊은 어둠을 더한다.

어둠은 어둠을 몰아낼 수 없다. 오직 빛만이 그 일을 해낼 수 있다.

증오는 증오를 몰아낼 수 없다. 오직 사랑만이 그 일을 해낼 수 있다.

-마틴 루터 킹 주니어 Martin Luther King Jr.

《마음챙김과 비폭력대화》, 오렌 제이 소퍼, 김문주 옮김, 불광출판사, 2019, 9쪽

## 나다운 삶을 위하여

시간을 가지고 천천히, 그래서 우리 문화가 주입한 프로그램을 자동으로 수행하는 로봇 같은 삶 말고 제가 중시하는 가치들과 조화를 이루는 삶을 살고 싶습니다. 그러니까 시간을 가지고 천천히 하세요. 어색하게 느껴질 수도 있지만, 그것이 나다운 삶입니다. 제가 원하는 삶을 살기 위해, 저는 시간을 가지고 천천히 할 겁니다. 그 때문에 바보처럼 보이더라도 말이지요.

《분노의 놀라운 목적》, 마셜 B. 로젠버그, 정진욱 옮김, 한국NVC출판사, 2018, 66~67쪽

## 이상이 편리한 도피처가 될 때

아이에 대한 사랑과 진정한 이해가 없을 때, 우리는 이른바 이상이라는 어떤 행동 양식에 아이를 강제로 끼워 맞춥니다. 이상은 편리한 도피처입니다. 이상을 따르는 교사는 학생을 이해하거나 지혜롭게 보살필 수 없습니다. 그에게는 눈앞의 아이보다 앞으로 어떻게 되어야 한다는 미래의 이상형이 훨씬 더 중요하기 때문입니다.

《크리슈나무르티, 교육을 말하다》, 크리슈나무르티, 캐서린 한 옮김, 한국NVC출판사, 2016, 39쪽.

Date: / /

## 지금 분노를 느끼고 있다면

지금 분노를 느끼고 있다면 당신은 충족되지 못한 당신의 욕구를 경험하고 있는 중입니다. 분노를 경고 신호로 인식한다면, 삶에 도움을 주는 유용한 도구로 사용할 수 있습니다. 분노가 일어났을 때 거기에 즉각 반응해야 하는 것은 아닙니다. 분노를 표현하는 시한이 정해져 있는 것도 아닙니다. 그러니 당신이 일으킨 분노에 즉각 반응하기보다 찬찬히 그것을 들여다보면 어떨까요. 그러면서 분노를 일으킨 판단 속에 들어 있는 당신의 충족되지 못한 욕구가 무엇인지 알아보는 시간을 가져 보세요.

《평화로운 삶》, 메리 매킨지, 이재석 옮김, 한국NVC출판사, 2025, 79쪽

## 자극과 원인의 차이를 안다는 것

나의 느낌이 일어나는 원인은 그 순간 나 자신의 욕구입니다. 그 순간 외부에서 일어나는 일은 느낌을 일으키는 자극에 불과합니다. 우리의 삶에서 평온을 유지하기 위해서는 자극과 원인의 차이를 아는 것이 매우 중요합니다.

\*

운전할 때 들숨과 날숨에 숫자를 붙이며 마음챙김 연습을 한 적이 있습니다. 갑자기 오토바이가 아슬아슬하게 끼어드는 일이 생겼습니다. 그 순간 내 앞으로 들어오는 오토바이의 궤적과 운전자의 자세가 명료하게 보이고, 손과 발이 조화롭게 차를 통제하는 움직임을 할 뿐, 화는 나지 않았습니다. 안전을 지킬 수 있다는 효능감이 있어 여유로웠습니다. 평소 같으면 화가 치밀 수 있는 상황에서 여유로운 효능감을 느끼고 있었습니다. 매 순간을 알아차리고 있으면, 어떤 끼어들기도 나를 자극할 수 없다는 것을 체험했습니다.

《평화로운 삶》, 메리 매킨지, 이재석 옮김, 한국NVC출판사, 2025, 323쪽

Date.    /    /

## 욕구의 표현이 두려운 일이 되는 경우

자신의 욕구를 알아차리고 표현하는 것을 비판적으로 보는 사회에서는 욕구를 표현하는 것이 두려운 일이 될 수 있다. 특히 여성들은 그런 비판에 더 민감하다. 지난 수백 년간 사랑하는 여성의 이미지는 다른 사람을 돌보기 위해 자신의 욕구를 부인하고 희생하는 모습이었다. 여성들은 다른 사람을 돌보는 것을 최고의 미덕으로 여기도록 사회화되었기 때문에 자신의 욕구를 무시하며 살았다.

《비폭력대화》, 마셜 B. 로젠버그, 캐서린 한 옮김, 한국NVC출판사, 2024, 107쪽

## 감사를 통해 깨닫는 우리 존재의 자연스러움

감사하는 태도를 기르면 우리들의 삶의 에너지가 유지됩니다. 우리가 살면서 주고받는 것을 알아차릴수록, 축하든 애도든 감사가 자연스러운 우리 존재의 상태라는 것을 깨닫기 시작합니다. 축하는 사물이나 사람을 "좋다"고 판단하는 일을 넘어섭니다. 감사는 단순한 칭찬과 다릅니다.

*

둘째 서영이가 대학생이 되어 후배들에게 장구 수업을 하고 온 날이었어요. 밤늦은 시간 집에 들어오면서 서영이가 말했습니다. "엄마, 나 오늘 엄마 때문에 생긴 트라우마 하나를 해결했어." 무슨 말인가 들어보니, 서영이는 내가 첫째 건주에게 "너는 다른 사람을 참 잘 가르쳐"라고 말하는 걸 들을 때, 속으로 '나는 다른 사람을 못 가르치나봐'라는 생각을 했다는 것입니다. 칭찬은 긍정적인 평가이기 때문에, 비교와 경쟁의 긴장을 불러일으키는 것 같습니다. 칭찬보다 감사가 더 안전한 말입니다.

*The Ongo Book*, Catherine Cadden and Jesse Wiens, Baba Tree International, 2017, 148쪽

## 진정한 공감이 우리에게 요구하는 것

공감이란 다른 사람이 경험하는 것을 존중하는 마음으로 이해하는 것이다. 그러나 우리는 공감을 하는 대신에 자신의 견해나 느낌을 설명하거나, 조언을 하거나, 상대를 안심시키고 싶은 충동을 강하게 느낀다. 그러나 공감은 우리에게 마음을 비우고 온 존재로 다른 사람의 말에 귀를 기울일 것을 요구한다.

《비폭력대화》, 마셜 B. 로젠버그, 캐서린 한 옮김, 한국NVC출판사, 2024, 185쪽

## 타인의 존재가 우리를 변화시킬 때

타인의 존재로 우리의 육체적 고통과 삶의 노고가 완화된다는 사실을 확인할 때, 우리는 변화한다. 우리는 활기 넘치고 정의하기 힘든 무언가에 초대된다. 이 초대는 관계 속에서 시간을 보내고, 서로에 대한 기여를 가치 있게 여기며, 따뜻한 공동체를 우선시하자는 권유다.

《공명하는 자아》, 세라 페이턴, 신동숙 옮김, 한국NVC출판사, 2024, 406~407쪽

# 보편적인 욕구와 삶의 메시지

보편적 욕구에 초점을 두세요. 매 순간 안에서 흐르는 것이 있습니다. 그것은 보편적인 욕구의 표현입니다. 모든 생각, 느낌, 말, 행동을 통해 삶의 에너지가 흐르고 있습니다. 보편적인 욕구에 초점을 둘 때, 우리는 말보다 더 깊은 곳에 있는 것을 들을 수 있습니다. 그때 우리는 우리 존재의 진실을 함께 승인하게 됩니다.

*The Ongo Book*, Catherine Cadden and Jesse Wiens, Baba Tree International, 2017, 40쪽

5부

생각과
느낌과
감각의
교향악

## 선택할 수 있는 힘

핵심 신념은 우리의 습관적인 사고방식입니다. 시간이 흐르면서 핵심 신념에 따른 선택이 삶에 대한 무의식적이고 습관적인 반응 양식으로 자리 잡게 됩니다. 따라서 핵심 신념을 변형시키는 데에는 단순히 내가 그것을 가지고 있음을 인식하는 것보다 더 많은 일이 필요합니다. 내 자신이 실제로 행동을 통해 어떻게 그것을 유지하고 있었는지를 인정하고, 그 행동을 통해 충족하려고 했던 욕구가 무엇이었는지를 이해해야 합니다. 우리는 자신이 갖고 있는 생각의 희생자도 아니고 과거에 갇혀 있는 죄수도 아닙니다. 우리에게는 선택할 수 있는 힘이 있습니다. 내가 자신의 고통에 어떻게 기여하고 있는지를 이해하고 인정할 때, 우리는 새로운 선택을 할 수 있는 힘을 회복할 수 있습니다.

*The Ongo Book*, Catherine Cadden and Jesse Wiens, Baba Tree International, 2017, 116쪽

Date:

## 용서는 영혼을 정화한다

용서는 이타적인 행위가 아니라 자신을 위한 일이다. 용서는 지금을 잘살기 위해 과거를 씻는 행위, 즉 영혼의 정화이다. 용서도 내려놓음과 마찬가지로 매일 조금씩 학습할 수 있다. 과거의 상처를 품고 계속 되짚으면, 영혼이 힘을 잃는다. 영혼이 아니라 괴로움이 자라기 때문이다. 전사는 심장과 영혼을 어제 혹은 몇 년 전의 보잘것없는 크기 그대로 얼리는 대신 키우는 데 전념한다. 여기에 수련이 필요하고, 자초한 일이든 아니든, 삶의 배반에 타버린 영혼을 키우려면 희생도 감수해야 한다. 전사는 배반을 부인하지도, 곱씹지도 않는다. 초월해 사는 법을 배운다. 배반을 넘고, 깨진 사랑, 피 흘리는 관계, 오해를 일으킨 소통, 이루지 못한 열망이 주는 고통을 넘어서는 법을 배운다.

《남자는 어떻게 불행해지는가》, 매튜 폭스, 김광국 옮김, 한국NVC출판사, 2023, 155~156쪽

## 생각과 느낌과 감각의 교향악

생각과 느낌과 감각의 교향악을 들어보세요. 어떤 욕구를 축하하고 있나요? 무슨 욕구를 애도하고 있나요?

*

비폭력대화로 마음을 알아차리는 훈련을 하면, 우리가 하는 모든 생각이 지금, 이 순간에 대한 축하 혹은 애도라는 것을 이해하게 됩니다. 이러한 이해가 생기면 생각을 없애려고 노력하는 대신에, 생각이란 것의 더 깊은 본질을 감지할 수 있게 됩니다. 생각은 마음이 축하나 애도를 표현하는 방식입니다. 누군가의 생각을 가슴으로 깊이 들으면, 충족되고 있는 욕구와 충족되고 있지 않은 욕구들이 연주되는 그 사람의 삶의 노래를 들을 수 있습니다. 누군가의 생각과 말을 노래로 들으며 즐길 수 있는 귀를 갖게 됩니다. 자신의 생각도 마찬가지 방식으로 들을 수 있습니다.

*The Ongo Book*, Catherine Cadden and Jesse Wiens, Baba Tree International, 2017, 157쪽

## 내면의 소리에 귀를 기울일수록

내면의 소리에 충실하게 귀를 기울일수록 외부에서 일어나는 일을 더 잘 들을 수 있다.

— 다그 함마르셸드 Dag Hammarskjold

*

　우리는 누군가에게 공감을 주기 위해 공감을 필요로 합니다. 그리고 자기 공감은 우리가 협력 패러다임으로 갈등을 풀어갈 때 가장 쉽게 활용할 수 있는 내면 자원입니다. 다그 함마르셸드는 스웨덴 외교관 출신으로 2대 유엔사무총장을 지냈고, 돌아가신 뒤 국제평화에 기여한 공로로 노벨 평화상을 받은 분입니다. 이 분이 한국전쟁이나 수에즈운하를 둘러싼 중동전쟁 등 국제 분쟁의 한 가운데를 누빌 때, 내면의 소리에 충실하게 귀 기울이는 자기 공감을 활용했다는 말씀이 반갑게 다가옵니다. 내 안에서 일어나는 판단과 비난을 잠깐이지만 온 존재로 들어주어 느낌과 욕구로 전환하면, 자연스럽게 힘이 솟습니다. 이 힘으로 누군가의 폭력적인 마음을 공감해줄 수 있습니다.

《비폭력대화》, 마셜 B. 로젠버그, 캐서린 한 옮김, 한국NVC출판사, 2024, 183쪽

## 그러므로 나는 나 자신을 받아들인다

자녀의 존재는 그 자체로 부모에게 주는 선물입니다. 이 선물을 부모가 무조건 받아들이고 감사하면, 자녀가 이 세상은 안전하고 믿을 수 있는 곳이라는 느낌과 소속감을 갖는 데 필요한 유대감을 형성하는 과정이 완성됩니다. 아기 때나 어린 시절에 무조건적인 사랑과 수용이 충족되면 어떤 메시지 하나가 한 젊은이의 삶 전체에 잔잔한 물결을 일으키며 자기 수용의 토대를 마련합니다. 그 메시지는 이것입니다. "나는 다른 사람들에게 받아들여진다. 그러므로 나는 나 자신을 받아들인다."

《내 아이를 살리는 비폭력대화》, 수라 하트, 빅토리아 킨들 호드슨, 정채현 옮김, 한국NVC출판사, 2025, 123쪽

## 연민으로 통하는 문

우리가 욕구의 렌즈로 인생을 보기 시작할 때 예상치 못한 일이 벌어질 수도 있다. 우리의 공통점이 차이점을 어떻게 능가하는지 보게 될 수도 있다. 욕구를 바라보는 것은 연민으로 통하는 문이 된다.

*

지하철 첫차를 타려고 바쁜 발걸음을 옮기고 있을 때, 저만치 뒤에서 노년의 남자분이 큰소리로 외칩니다. "거기! 오른쪽으로 걸어!" 저는 두려움이 차갑게 흘러내리는 감각을 느꼈습니다. 곧 비폭력대화로 연습합니다. '아 지금, 이 순간 나에게는 안전이 너무너무 중요하다!' 안전을 염원하니 숨이 돌아옵니다. '저분의 삶의 환경은 혼란 속에서 질서를 찾으려는 고투였을까? 아, 저분은 질서 잡힌 안전한 삶을 정말 오랫동안 열망해왔을지도 몰라.' 곧 전쟁 때문에 고향을 떠나야 했던 할머니 생각이 나고 눈에서 시큰한 눈물이 입니다.

《마음챙김과 비폭력대화》, 오렌 제이 소퍼, 김문주 옮김, 불광출판사, 2019, 214~215쪽

## 타인을 있는 그대로 받아들이기

타인을 있는 그대로 받아들이면, 그들을 있는 모습 그대로 사랑할 수 있다. 그들이 하는 행동마저 좋아할 필요는 없지만, 그들의 욕구에 공감하고 그들을 위해 기도할 수 있다. 타인을 받아들인다는 건 그들이 지닌 차이를 받아들인다는 뜻이기도 하다. 이 세상에는 뾰족 머리를 한 사람도, 레게 머리를 한 사람도 있고, 문신이 있거나 다른 생활 방식 또는 관점을 지닌 사람도 있다. 그들은 모두 신성한 에너지로 만들어졌기에 특별하다. 한 명 한 명 모두 중요하며, 이들은 모두 인류가 다양하고 풍부해지는 데 이바지하고 있다.

《비폭력으로 살아가기》, 에디 자카파, 김하늘 옮김, 한국NVC출판사, 2023, 33쪽

## 떠나보낸다는 것의 의미

떠나보낸다는 것은 가치를 포기하거나 신경 쓰지 않는다거나 변화를 위해 노력하기를 그만둔다는 의미가 아니다. 다만 노력의 성과가 완전히 우리 손에 쥐어지지 않았음을 인지한다는 의미다.

《마음챙김과 비폭력대화》, 오렌 제이 소퍼, 김문주 옮김, 불광출판사, 2019, 221쪽

## 의미를 공유한다는 것의 힘

사회가 제대로 기능하고 존속하려면 의미의 공유와 일관성으로 이끄는 대화가 반드시 필요하다. 그렇지 않으면 사회 전체가 붕괴할 것이다. 공유하는 의미야말로 사회를 진정 하나로 묶어주는 시멘트다. 그런 면에서 보면, 지금 우리 사회는 아주 질이 낮은 시멘트로 접착되어 있다고 할 수 있다. 저질 시멘트로 건물을 지으면 금세 금이 가고 결국은 무너진다. 지금 우리에게는 역할을 제대로 해줄 질 좋은 시멘트와 접착제가 절실하다. 구성원이 공유하는 의미가 바로 그것이다.

《창조적 대화론》, 데이비드 봄, 강혜정 옮김, 에이지21, 2011, 117~118

## 세상이 궁극적으로 필요로 하는 것

세상이 필요로 하는 것이 무엇일지 자신에게 묻지 말라. 당신을 생동감 있게 만드는 것이 무엇인지 스스로 묻고 세상에 나가서 그것을 실행하라. 세상이 궁극적으로 필요로 하는 것은 생동감으로 새로워진 사람이다.

- 해럴드 휘트먼 Harold Whiteman

《기린과 자칼이 춤출 때》, 세레나 루스트, 이영주 옮김, 한국NVC출판사, 2018, 17쪽

## 파도를 막을 수는 없지만

파도를 막을 수는 없지만, 파도 타는 법을 배울 수는 있다.

\*

몸과 마음에서 파도가 일기 시작하는 순간을 알아차릴 수 있나요? 파도 타는 법을 모를 때, 우리는 아무렇지 않은 척하려고 파도를 억누르는 데 집중합니다. 배와 가슴을 붙잡고 턱을 물고 표정을 감추려 애를 씁니다. 그럴수록 파도는 더 커지지요. 파도 타는 법을 배우려면 먼저 파도가 일기 시작할 때 그것을 인정해야 합니다. '아 파도가 이네!' 그리고 그 파도가 몸 어디에서 어떤 감각으로 이는지 다가가 머물러 봅니다. 파도의 모양, 강도, 소리, 온도 등을 시시각각 부드럽게 알아차리면서 물어봅니다. '지금 무엇을 느껴? 지금 무엇을 정말로 원해?' 이렇게 파도타기가 시작되면 대개 파도는 진정되기 시작합니다. 이렇게 한동안 파도를 타고나면, 파도는 가라앉고 나는 파도와 여행하는 동안 알게 된 지혜만큼 더 명료해집니다.

《기린과 자칼이 춤출 때》, 세레나 루스트, 이영주 옮김, 한국NVC출판사, 2018, 133쪽

## 느낌과 욕구에 더 귀를 기울이기

느낌과 욕구는 우리가 어떻게 살아가고 싶은지를 더 잘 알아차릴 수 있도록 도와준다. 모든 사람의 내면에 살아 있는 것(느낌과 욕구)이 우리를 더 풍요롭게 할 수 있다고 믿을 때, 우리는 다른 사람의 내면에서 무슨 일이 일어나고 있는지 이해하는 데 관심을 갖게 된다. 예컨대 화가 난 사람이 있을 때 그 사람의 내면을 이해하는 데 관심을 두게 되는 것이다. 우리의 느낌이 그 아래 있는 어떤 욕구와 연결되어 있는지를 이해할 수 있게 되면, 우리는 느낌과 욕구에 기꺼이 더 귀를 기울이게 된다.

《분노 죄책감 수치심》, 리브 라르손, 이경아 옮김, 한국NVC출판사, 2025, 55~56쪽

## 진실한 공감의 형성은

공감은 치유자와 상처 입은 자의 관계가 아니라 동등한 두 사람의 관계에서 이루어진다. 공감은 우리가 같은 인간임을 인식할 때 진실한 것이 된다.

– 패마 초드론 Pema Chodron

*

우리는 매 순간 내가 내면에서 경험하고 있는 일을 나와 똑같이 이해하고 있는 한 사람이 존재하기를 원합니다. 그 경험 속에 혼자 버려지지 않기를 원합니다. 삶에서 은혜로운 순간을 경험할 때도 그렇고, 무자비한 순간을 경험할 때도 그렇습니다. 우리의 보편적 욕구 공감은, 인간이 혼자 태어나서 혼자 죽어가는 존재가 아니라는 진실을 드러내고 있습니다. 유대, 연결, 상호의존이 우리에게 얼마나 필수적인 가치인지 증언하고 있습니다. 인간의 뇌와 신경계는 그 산물입니다.

《치매가 인생의 끝은 아니잖아요》, 패티 비엘락스미스, 이민아 옮김, 한국NVC출판사, 2021, 114쪽

## '선함'을 꾸준히 맛보면서 걷기

시인 루미Rumi는 이렇게 말한다.

너의 우울은 네가 오만하여
찬양하지 않아서 비롯된 것이니.
남이 닦은 길을 걸으며 찬양하지 않는 이는,
남자든 여자든 매일 다른 이의 것을 훔치는 도둑일지니.

찬양하지 않는 사람은 우울해진다.
우리 영혼은 '선함'을 꾸준히 맛보면서 삶을 견뎌낸다.

《남자는 어떻게 불행해지는가》, 매튜 폭스, 김광국 옮김, 한국NVC출판사, 2023, 343쪽

## 삶 자체는 누군가에게 빌린 것

"살면서 우리가 가지게 된 것은 다 빌린 것이다"라는 에크하르트의 말을 마지막까지 새기며 살도록 요구받을 수 있다. 삶 자체가 빌린 것이고 그 속의 모든 관계 또한 마찬가지다. 빌린 것은 오래가지 않는다. 전사는 죽음을 인식하고 죽을 운명임을 부인하지 않는다. 오히려 죽음을 자신과 다른 사람을 지키는 방패처럼 지니고 다닌다. 죽을 운명을 깨달으면 내일이 아니라 오늘 완전한 삶을 살고, 오늘 아름다운 것을 지키게 된다. 전사는 삶을 기다리지 않으며, 살고 사랑하고 지키고 창조하는 일을 다음으로 미루지 않는다. 빌린 것은 언젠가 돌려줘야 하므로 지금 바로 기회를 만든다.

《남자는 어떻게 불행해지는가》, 매튜 폭스, 김광국 옮김, 한국NVC출판사, 2023, 155쪽

## 마음이 흘리는 눈물

생각은 마음이 축하나 애도를 하는 방식이다. 그것은 마음이 감사나 후회로 흘리는 눈물과도 같다.

*The Ongo Book*, Catherine Cadden and Jesse Wiens, Baba Tree International, 2017, 156쪽

## 욕구의 개인성과 보편성

욕구에는 개인적이고도 보편적이라는 흥미로운 속성이 있다. 우리가 욕구를 은밀히 느끼고 충족되거나 결핍된 결과를 직접적으로 경험한다는 점에서는 개인적이다. 그러나 모든 인간이 욕구를 어느 정도 공유한다는 점에서는 보편적이다. 욕구는 인간이란 존재의 특성을 함께한다.

《마음챙김과 비폭력대화》, 오렌 제이 소퍼, 김문주 옮김, 불광출판사, 2019, 219쪽

Date:

## 경이로움의 사슬을 단단히 부여잡기

우주가 어떻게든 존재한다는 것, 우주가 법칙에 따라 움직인다는 것, 그 법칙들로 은하와 항성과 행성 그리고 적어도 하나의 행성 위에 생명이 태어났다는 것, 그 생명에서 의식이, 의식에서 말과 숨결이 나온다는 것이 바로 경이로움의 사슬이다. 나는 그 사슬을 단단히 붙잡고 있다.

《남자는 어떻게 불행해지는가》, 매튜 폭스, 김광국 옮김, 한국NVC출판사, 2023, 47쪽

## 죽음을 긍정할 수 있을 때

우리는 누구든 반드시 죽는다는 걸 안다. 그러나 그걸 받아들이고 긍정한다고 해서 생존을 포기하거나 모든 게 다 소용없다며 아무렇게나 살지 않는다. 죽음을 긍정할 수 있을 때 남은 시간을 현명하게 보낼 수 있다. 죽음을 긍정하지 못하면 공포 속에서 어떻게든 죽음을 피할 방법을 찾아 치달리지만, 죽음을 긍정하면 어떻게 살 것인지를 차분하게 생각한다. 앞을 보며 정말 해야 할 일은 무엇인지, 그게 할 만한 일인지 아니면 공연한 짓인지 생각한다. 뒤를 돌아보며 그동안 그토록 애써 얻고자 했던 게 정말 중요한 것이었는지, 삶에서 정말 중요한 게 무엇이었는지 반추하게 될 것이다.

《지구의 철학》, 이진경, 최유미, 그린비, 2024, 380쪽

## 물음 자체를 사랑하는 법

당신의 마음속에 있는 풀리지 않는 의문을 참을성을 가지고 대하십시오. 그리고 물음 그 자체를 사랑하는 법을 배우세요.

- 라이너 마리아 릴케Rainer Maria Rilke

\*

마셜 로젠버그는 삶에서 중요한 두 가지 물음을 서로 나누기 위해 비폭력대화를 만들었다고 합니다. 첫 번째 물음은 이것입니다. "지금, 이 순간, 무엇이 당신에게 살아 있나요?" 그 살아 있음을 형태와 색으로, 향기와 맛으로, 촉감과 온도로, 소리와 움직임으로 떠올려볼 수 있나요? 당신의 지금, 이 순간의 살아 있음을 표현하고 음미해보세요. 이제 두 번째 물음을 드려볼게요. "무엇이 당신의 삶을 더 멋지게 만들어 줄까요?" 천천히 무엇이 떠오르는지 봅니다. 그리고 지금 당장 할 수 있는 일 한 가지를 선택합니다.

《비폭력으로 살아가기》, 에디 자카파, 김하늘 옮김, 한국NVC출판사, 2023, 103쪽

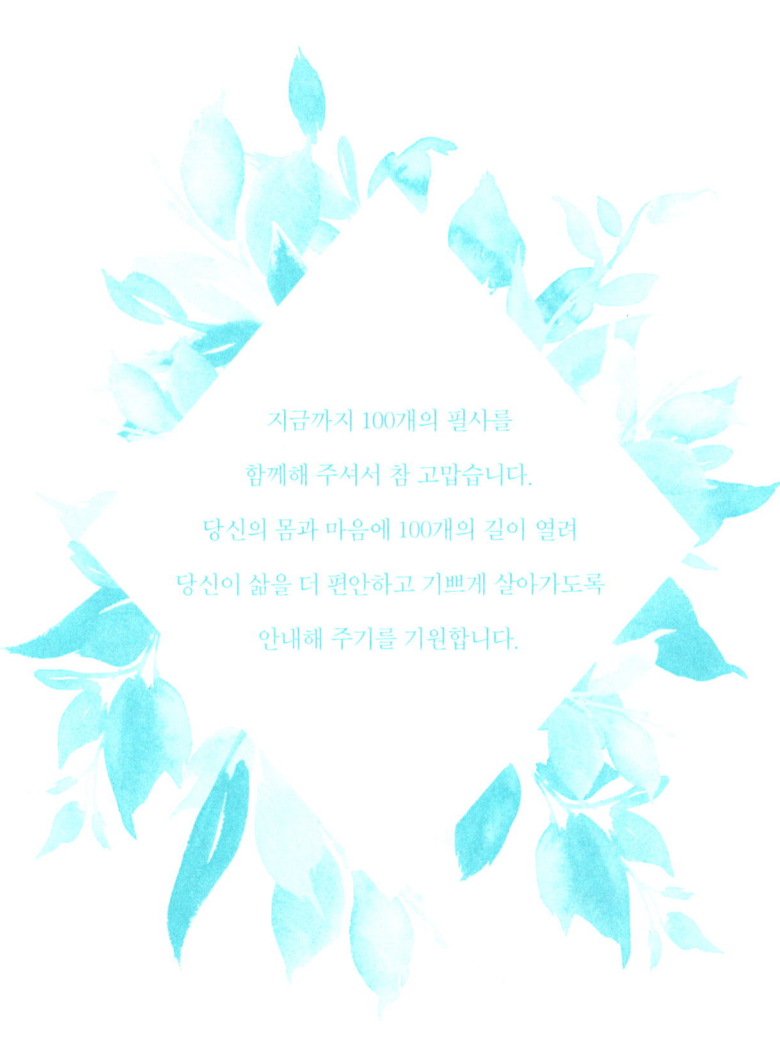

지금까지 100개의 필사를
함께해 주셔서 참 고맙습니다.
당신의 몸과 마음에 100개의 길이 열려
당신이 삶을 더 편안하고 기쁘게 살아가도록
안내해 주기를 기원합니다.

## 참고문헌

데이비드 봄, 《창조적 대화론》, 강혜정 옮김, 에이지21, 2011.

리브 라르손, 《분노 죄책감 수치심》, 이경아 옮김, 한국NVC출판사, 2025.

마셜 B. 로젠버그, 《분노의 놀라운 목적》, 정진욱 옮김, 한국NVC출판사, 2018.

마셜 B. 로젠버그, 《비폭력대화》, 캐서린 한 옮김, 한국NVC출판사, 2024.

마셜 B. 로젠버그, 《비폭력대화와 사랑》, 이경아 옮김, 한국NVC출판사, 2018.

마셜 B. 로젠버그, 《비폭력대화와 실천적 영성》, 캐서린 한 옮김, 한국NVC출판사, 2021.

매튜 폭스, 《남자는 어떻게 불행해지는가》, 김광국 옮김, 한국NVC출판사, 2023.

메리 매킨지, 《평화로운 삶》, 이재석 옮김, 한국NVC출판사, 2025.

빅터 프랭클, 《무의미의 의미》, 김미라 옮김, M31, 2021.

세라 페이턴, 《공명하는 자아》, 신동숙 옮김, 한국NVC출판사, 2024.

세레나 루스트, 《기린과 자칼이 춤출 때》, 이영주 옮김, 한국NVC출판사, 2018.

수라 하트, 빅토리아 킨들 호드슨, 《내 아이를 살리는 비폭력대화》, 정채현 옮김, 한국NVC출판사, 2025.

에디 자카파, 《비폭력으로 살아가기》, 김하늘 옮김, 한국NVC출판사, 2023.

오렌 제이 소퍼, 《마음챙김과 비폭력대화》, 김문주 옮김, 불광출판사, 2019.

이진경, 최유미, 《지구의 철학》, 그린비, 2024.

크리슈나무르티, 《크리슈나무르티, 교육을 말하다》, 캐서린 한 옮김, 한국NVC출판사, 2016.

패티 비엘락스미스, 《치매가 인생의 끝은 아니잖아요》, 이민아 옮김, 한국NVC출판사, 2021.

*The Ongo Book*, Catherine Cadden and Jesse Wiens, Baba Tree International, 2017.

### 한국NVC센터는

NVC(Nonviolent Communication, 비폭력대화) 정신을 배우고 실천하는 것을 지원함으로써 개인과 집단의 갈등을 평화로운 방법으로 해결하는 것을 돕고, 모든 사람의 욕구가 평화롭게 존중되는 사회를 이루는 데 기여하기 위해 설립한 비영리 단체입니다. 한국NVC센터는 더 많은 사람이 평화롭고 행복하게 살 수 있는 삶에 도움을 주는 사회구조를 만들어 가는 데 이바지하고자 합니다. www.krnvc.org

### 연락처
교육문의   nvc123@krnvcedu.com 02-325-5586
강사의뢰   workshop@krnvcedu.com 02-6085-5585
주소       (03035) 서울특별시 종로구 자하문로17길 12-9 2층